Ab 8. Schuljahr

Marino Heber

PowerPoint für die Schule

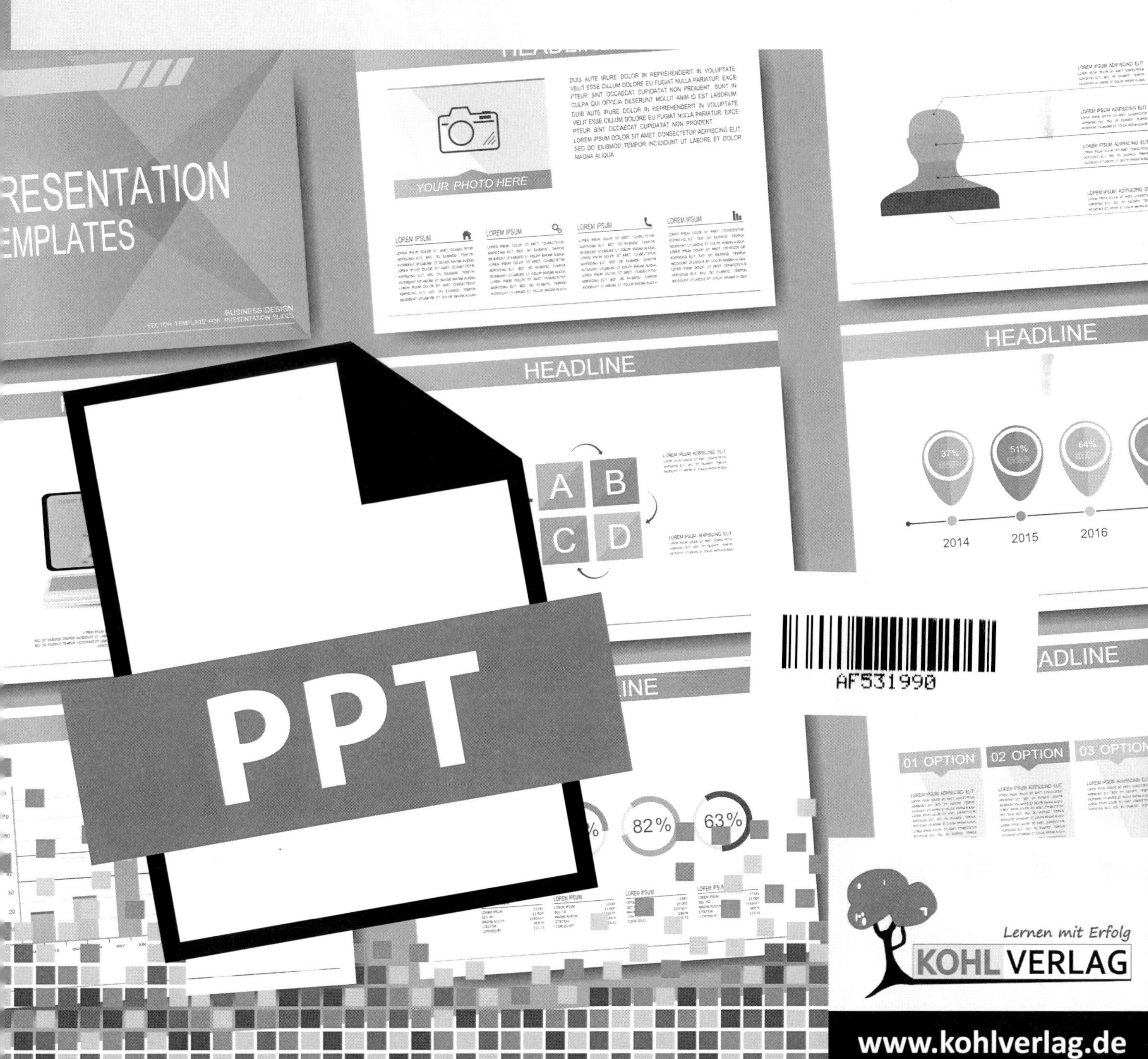

PowerPoint für die Schule

3. Auflage 2023

Inhalt: Marino Heber
Coverbild: © feelisgood - AdobeStock.com & chiaraa - fotolia.com
Redaktion: Kohl-Verlag
Grafik & Satz: Kohl-Verlag
Druck: farbo prepress GmbH, Köln

Bestell-Nr. 12 244

ISBN: 978-3-96040-411-8

Bildnachweise:

Titel © feelisgood - AdobeStock.com; © BAIVECTOR - AdobeStock.com;

Alle Bildschirmfotos © Marino Heber

Der vorliegende Band ist eine Print-Einzellizenz

Sie wollen unsere Kopiervorlagen auch digital nutzen? Kein Problem – fast das gesamte KOHL-Sortiment ist auch sofort als PDF-Download erhältlich! Wir haben verschiedene Lizenzmodelle zur Auswahl:

	Print-Version	PDF-Einzellizenz	PDF-Schullizenz	Kombipaket Print & PDF-Einzellizenz	Kombipaket Print & PDF-Schullizenz
Unbefristete Nutzung der Materialien	x	x	x	x	x
Vervielfältigung, Weitergabe und Einsatz der Materialien im eigenen Unterricht	x	x	x	x	x
Nutzung der Materialien durch alle Lehrkräfte des Kollegiums an der lizensierten Schule			x		x
Einstellen des Materials im Intranet oder Schulserver der Institution			x		x

Die erweiterten Lizenzmodelle zu diesem Titel sind jederzeit im Online-Shop unter www.kohlverlag.de erhältlich.

Inhalt / Vorwort

Liebe Kolleginnen und Kollegen,

bei meinen Recherchen zu diesem Buch bin ich auf viele verschiedene Meinungen gestoßen, wie eine gute Präsentation auszusehen hat. Auch sind die Themen und Zuhörerschaft bei PowerPoint Präsentationen sehr unterschiedlich, von hochwissenschaftlich bis zu in lockerer Art ein Alltagsthema behandeln. Ich habe mich deswegen weitestgehend aus diesem Thema herausgehalten und mich mehr auf die technischen Sachen konzentriert. Auch in diesem Buch stelle ich die Grundlagen des Programms vor. Wenn man schon mit anderen Office Programmen wie Word gearbeitet hat, findet man sich schnell zurecht. Viele Menüpunkte sind genauso oder ähnlich aufgebaut.

Viel Spaß beim Arbeiten mit diesem praxisorientierten Band wünschen Ihnen und Ihren Schülern das Kohl-Verlagsteam und

Marino Heber

Materialdownload zum Band

Zusatzmaterial zu diesem Titel im Online-Shop erhältlich:

Unter der Rubrik "Materialdownload" auf der Startseite befindet sich ein direkter Link zum Download des Zusatzmaterials zu diesem Band.

Geben Sie beim Download-Vorgang bitte diesen Code ein: **BV8GL98A**

Leere Präsentation

PowerPoint ist das Präsentationsprogramm aus dem Officepaket von Microsoft. Nach dem Programmstart können wir hier auswählen, ob wir mit einer leeren Präsentation oder mit einer schon bestehenden Vorlage arbeiten wollen. In unserem Fall wählen wir die **Leere Präsentation**.

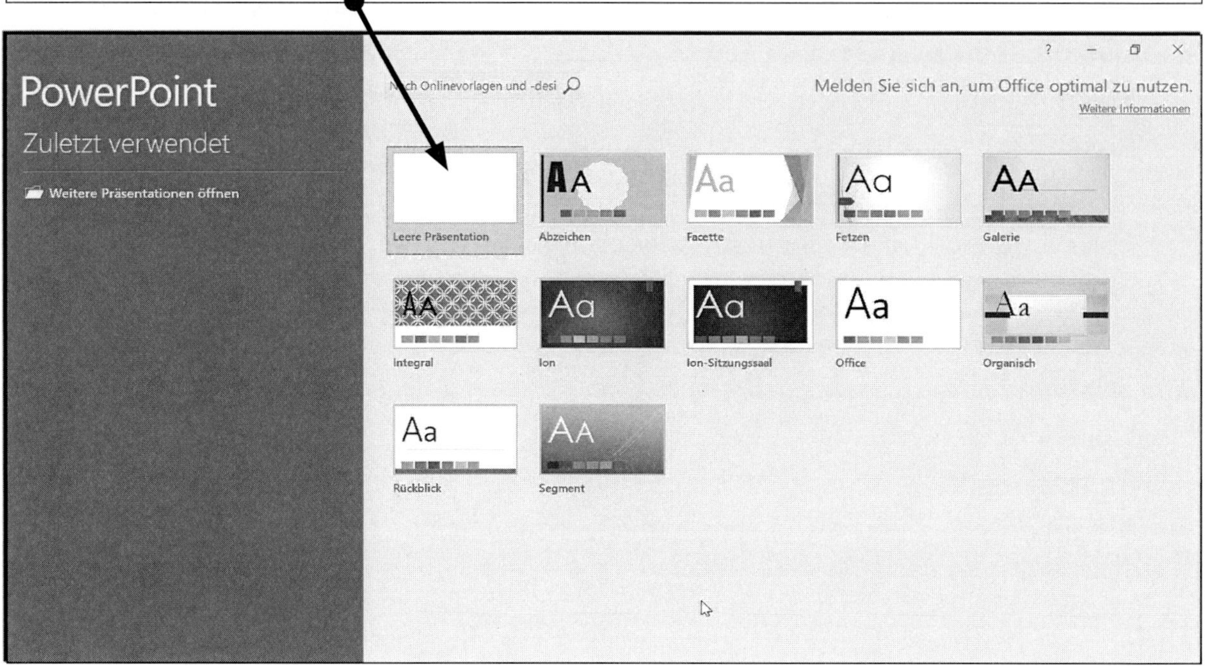

Der Arbeitsbereich ist ähnlich wie bei den anderen Office Programmen aufgeteilt, im oberen Teil wie gewohnt die Menüleiste, im mittleren Teil unsere Arbeitsfläche mit der ersten Folie, links ist die Übersicht der Folien angeordnet.

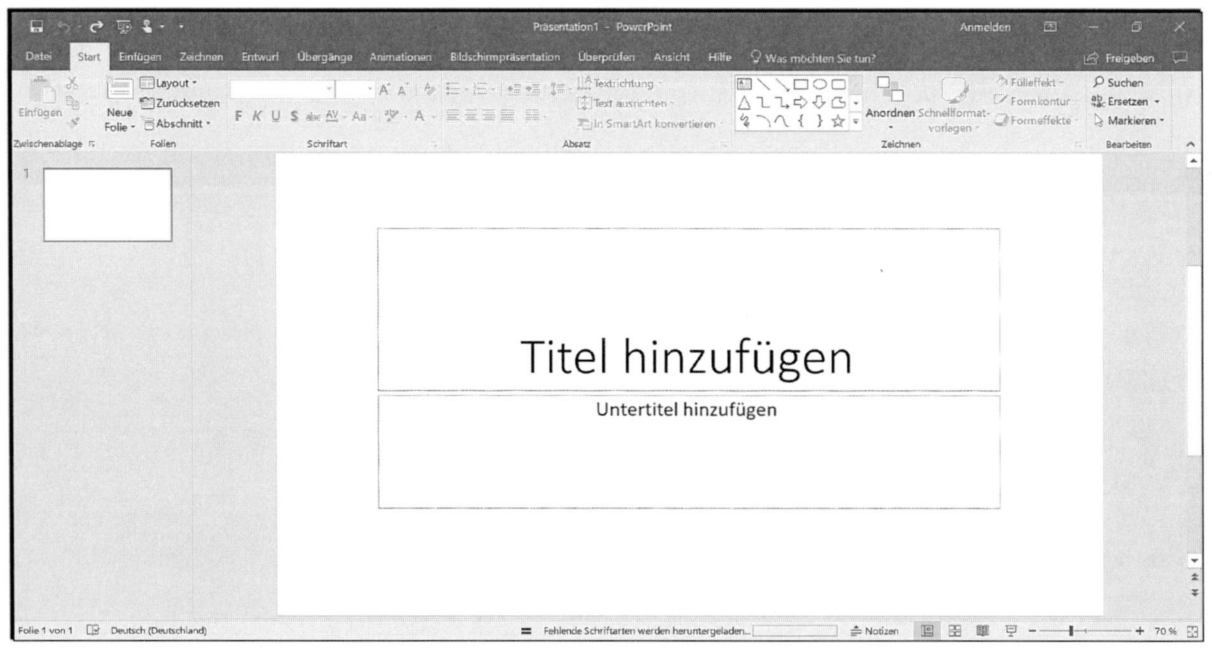

KOHL VERLAG
PowerPoint für die Schule
Kopiervorlagen ab dem 8. Schuljahr – Bestell-Nr. 12 244

Formatierung

In der ersten Folie sind schon zwei formatierte Textfelder angelegt. In diese geben wir nun den Text ein. Die Schriftgröße und Schriftart sind vorgegeben, können aber jederzeit geändert werden. Für diese Übung lassen wir sie unverändert.

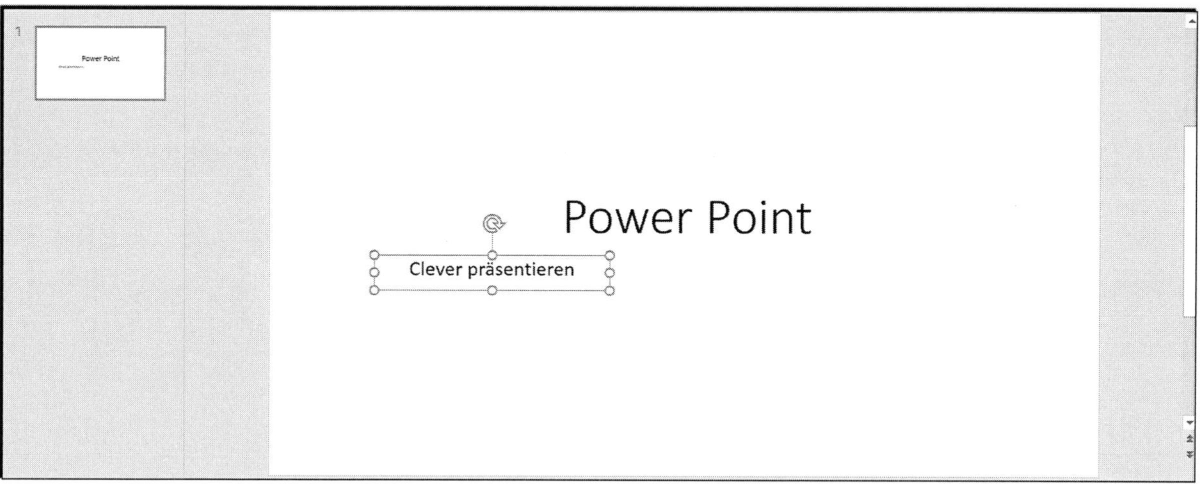

1. Rings um die Textfelder ist eine Begrenzung mit Punkten (nachfolgend Ziehpunkte genannt) zu sehen. Wenn wir den Mauszeiger auf die Begrenzungslinie platzieren, und das Kreuz mit den Vierfach-Pfeilen erscheint, können wir dieses Textfeld mit gedrückter linker Maustaste frei auf unserer Folie verschieben.

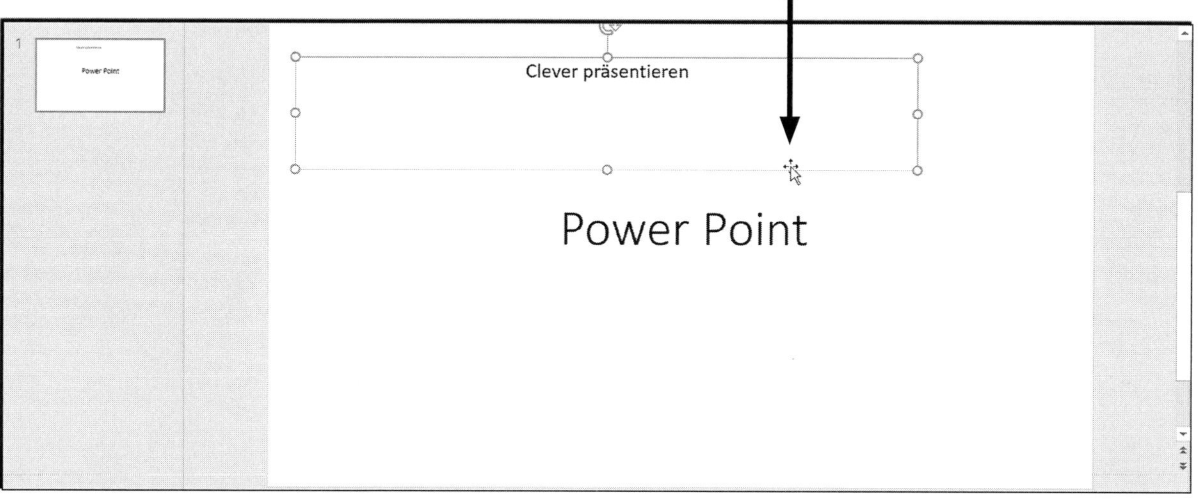

KOHL VERLAG PowerPoint für die Schule
Kopiervorlagen ab dem 8. Schuljahr – Bestell-Nr. 12 244

Verschiedene Vorlagen

Mit Hilfe der Größen-Ziehpunkte (nachfolgend Ziehpunkte genannt) auf dieser Begrenzungslinie und gedrückter linker Maustaste kann die Größe des Textfeldes verändert werden.

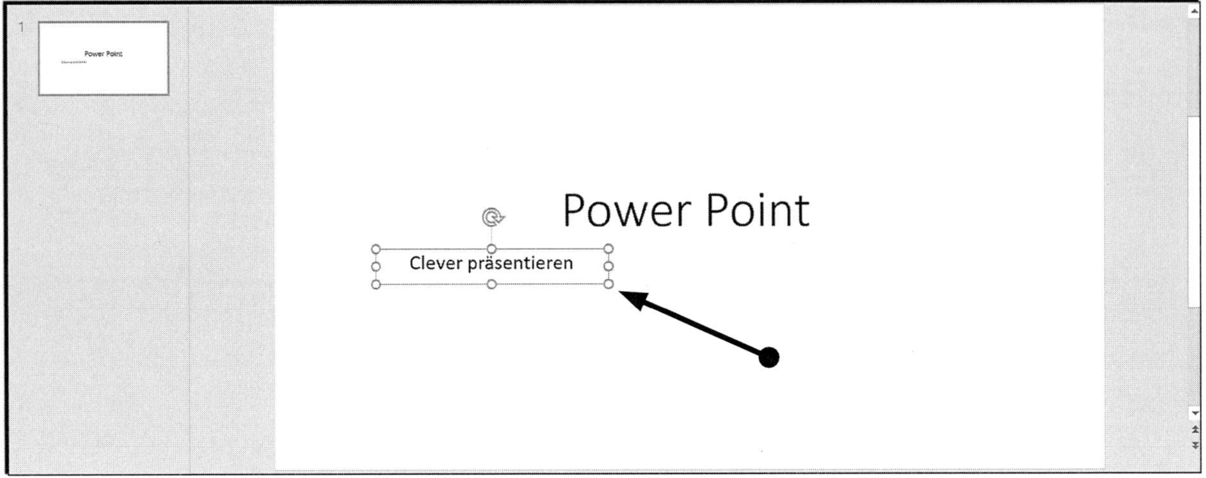

Wir hatten beim Start des Programms die Wahl, ob wir eine Vorlage verwenden wollen oder nicht. In der Registerkarte **Entwurf** haben wir nun die Möglichkeit, nachträglich eine Vorlage auszuwählen. Mit einem Klick auf so eine Vorlage wird unsere leere Folie entsprechend umgestaltet, auch die bereits gesetzten Texte werden angepasst.

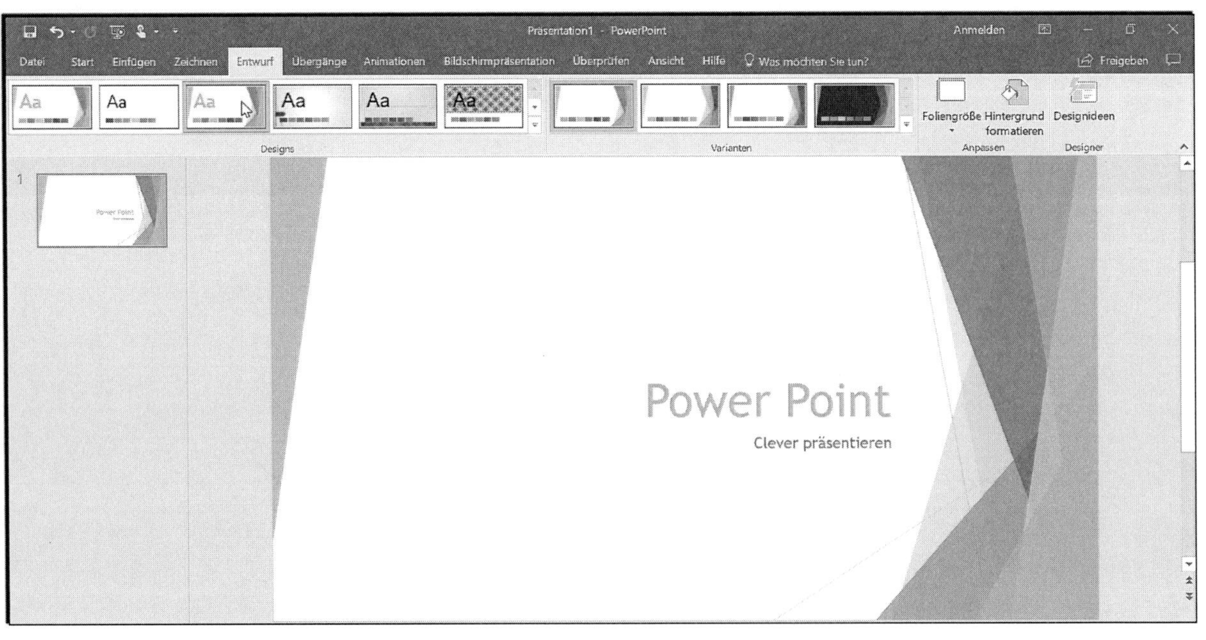

KOHL VERLAG
PowerPoint für die Schule
Kopiervorlagen ab dem 8. Schuljahr – Bestell-Nr. 12 244

Verschiedene Vorlagen

Klicken wir auf eine andere Vorlage, wird die Folie wieder entsprechend angepasst.

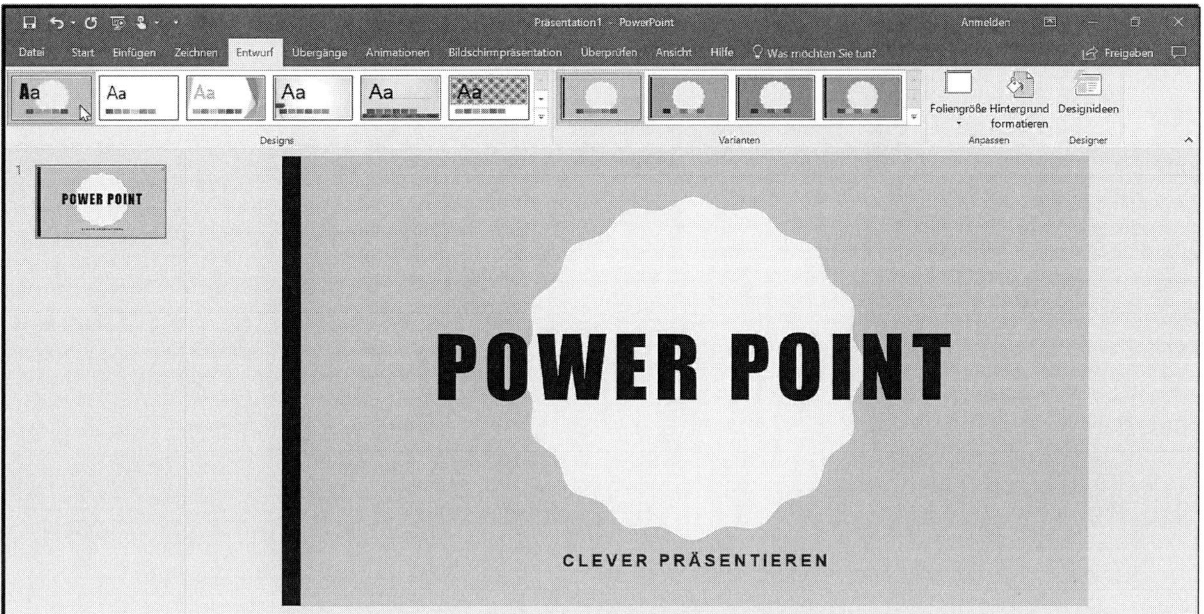

Lassen wir diese Folie ausgewählt, jetzt fügen wir eine weitere Folie hinzu. In der Registerkarte **Start** finden wir den passenden Button: **Neue Folie**.
Jetzt haben wir weitere Vorlagen zur Auswahl, diesmal wollen wir die Vorlage **Titel und Inhalt** verwenden.

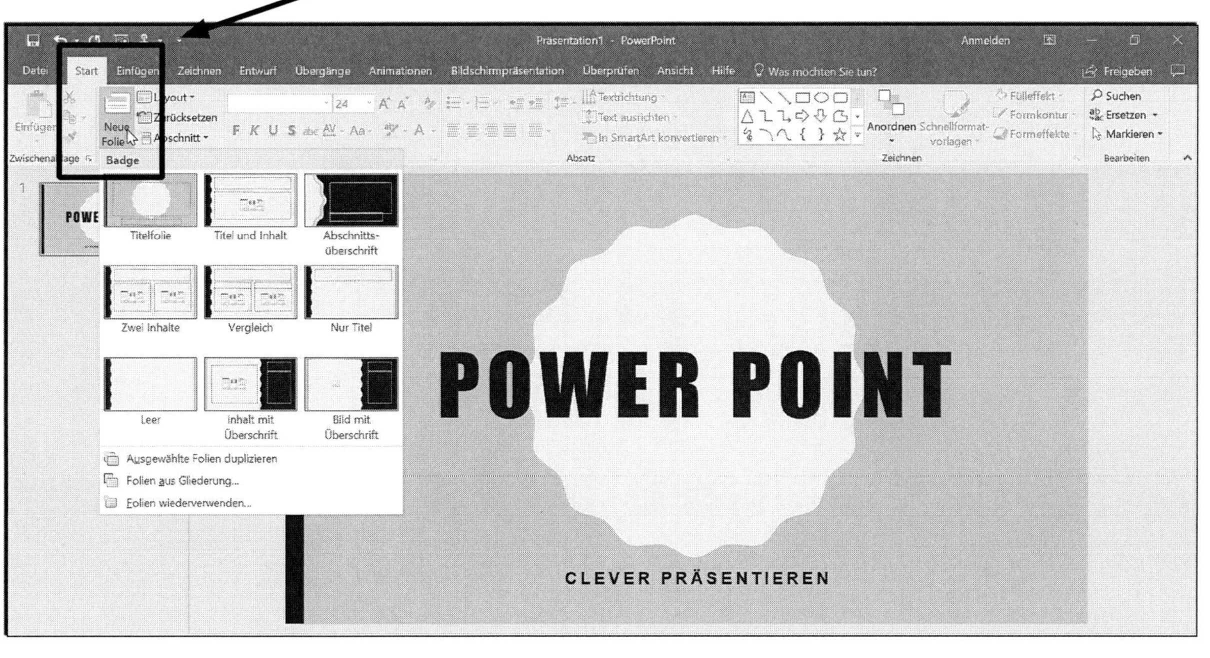

Verschiedene Vorlagen

Auf dieser Folie werden wir nun ein Inhaltsverzeichnis erstellen.

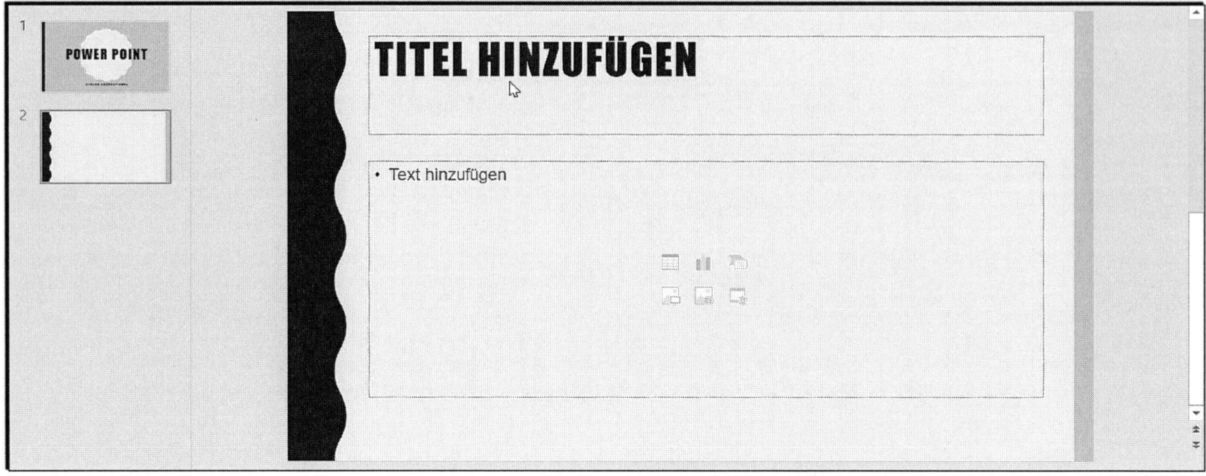

Bei Titel Hinzufügen geben wir der Präsentation noch mal eine Überschrift.

Das untere Feld ist so angelegt, dass wir entweder direkt einen Text eingeben können oder mit den **Buttons in der Mitte** auch verschiedene andere Objekte wie Bilder, Diagramme oder ähnliches hinzufügen können.

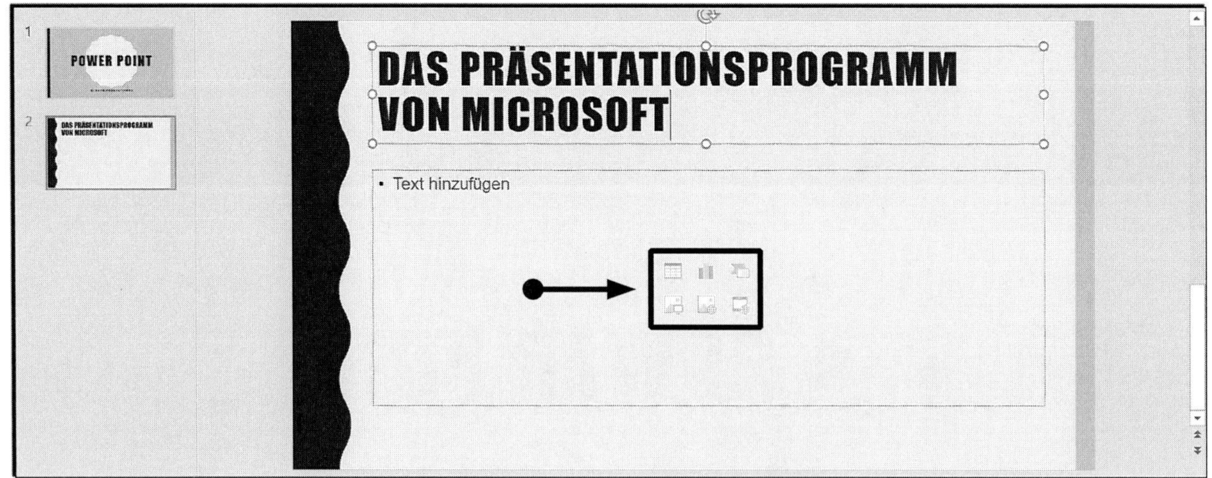

Verschiedene Vorlagen

Wir geben nun die einzelnen Punkte (Text siehe unten in der Folie) unseres Inhaltsverzeichnisses ein. Nach jedem Kapitel drücken wir die Entertaste und PowerPoint setzt automatisch einen Punkt vor die Textangaben. Für Untergliederungen, wie bei der Foliengestaltung, drücken wir einmal die Entertaste und danach gleich die Tabulatortaste. Jetzt wird der Text automatisch etwas eingerückt und ein Bindestrich davor gesetzt.

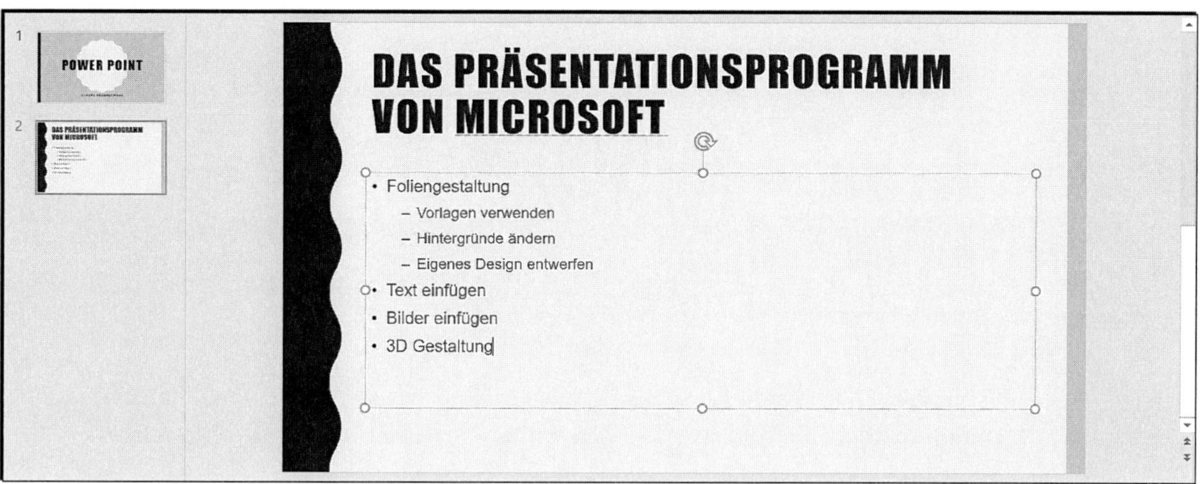

Unser Textfeld ist noch sehr breit und rechts ist eine große leere Fläche. In die wollen wir ein Objekt einfügen. Dazu verkleinern wir das Textfeld mit den Ziehpunkten.

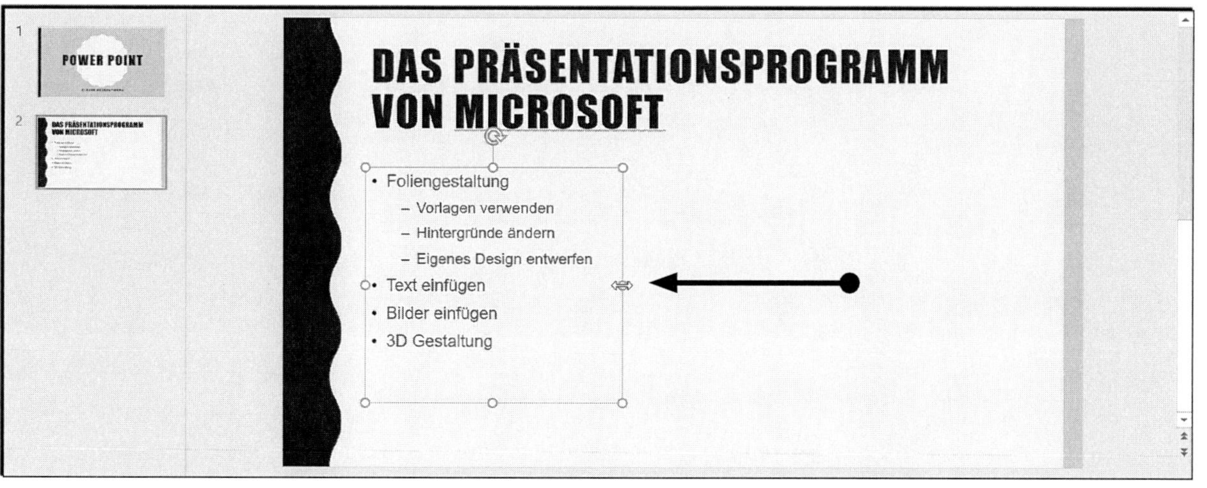

KOHL VERLAG PowerPoint für die Schule
Kopiervorlagen ab dem 8. Schuljahr – Bestell-Nr. 12 244

Gestaltungsmöglichkeiten

Jetzt wechseln wir auf die Registerkarte **Einfügen** und klicken den Button **Formen** an. Bei **Standardformen** wählen wir das **Trapez** aus.

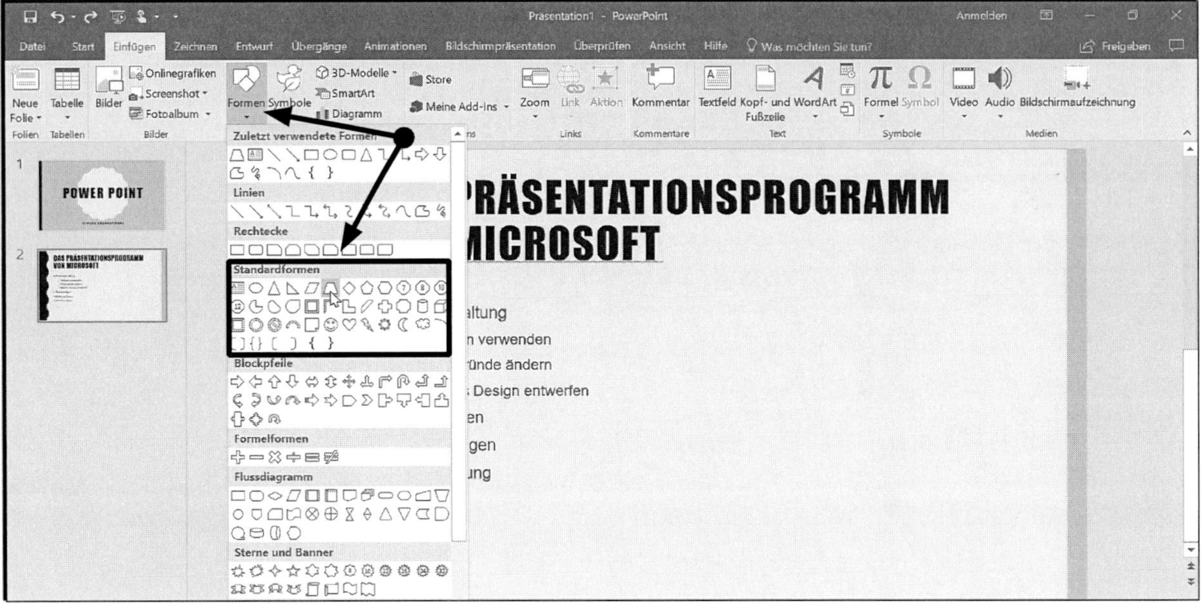

Mit gedrückter linker Maustaste ziehen wir das Objekt auf. Mit den Ziehpunkten und dem Verschiebekreuz können wir es danach in der Größe individuell einstellen und auch noch zentriert platzieren.

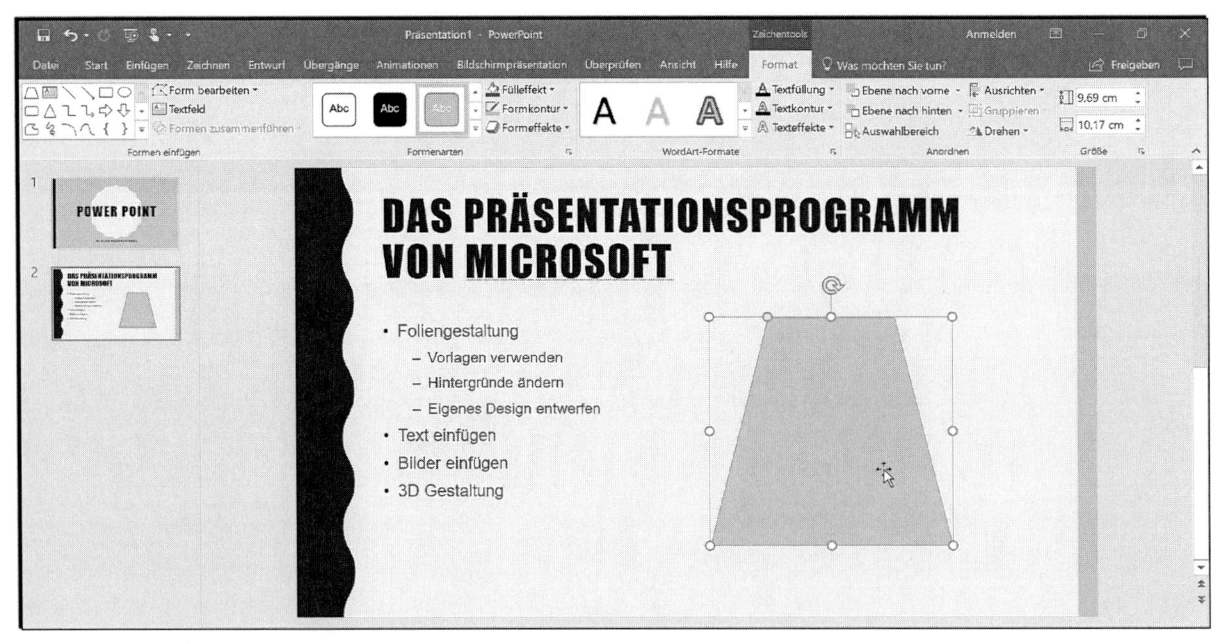

PowerPoint für die Schule
Kopiervorlagen ab dem 8. Schuljahr – Bestell-Nr. 12 244
KOHL VERLAG

Gestaltungsmöglichkeiten

Das Trapez hat eine Füllfarbe von dunklem Gelb erhalten, das liegt an der verwendeten Formatvorlage. So eine Füllfarbe kann natürlich auch nach unseren Wünschen geändert werden. Solange das Trapez markiert ist, gibt es die Registerkarte **Zeichentools/Format**. In der Mitte ist der Button **Fülleffekt** angebracht. Diesen anklicken und schon haben wir eine Auswahl an verschiedenen Farben. Zum Üben stellen wir z. B. auf **Grün** um. Vor dem nächsten Arbeitsschritt die Farbänderung wieder **rückgängig** machen.

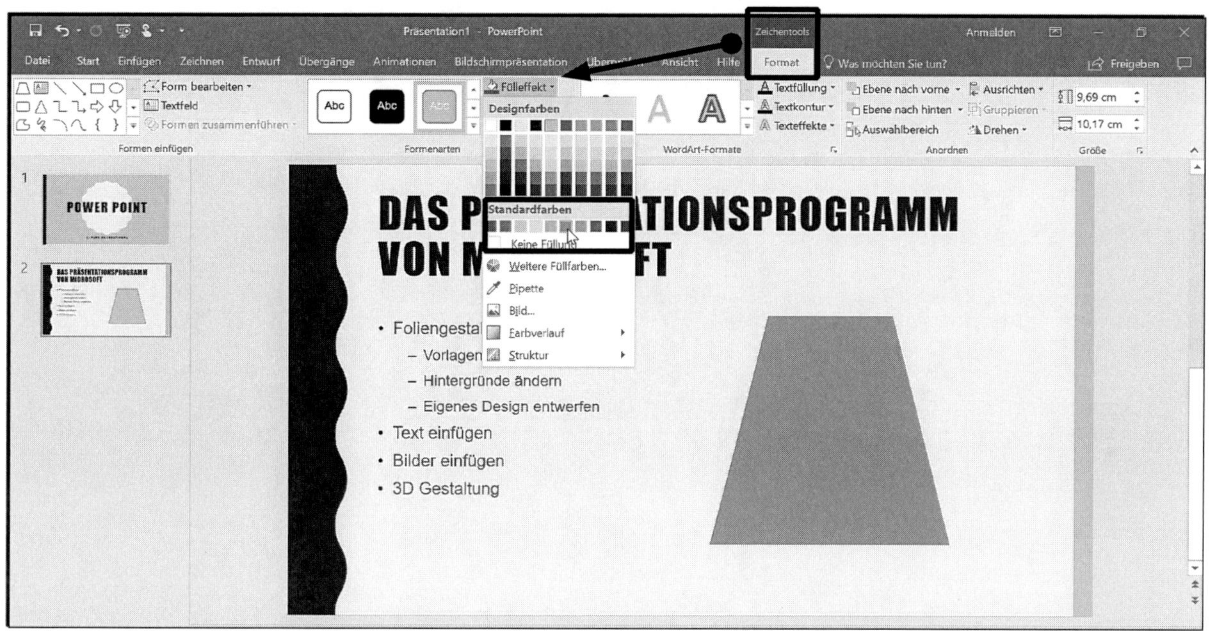

Als nächstes wollen wir eine Folie für die Überschrift des ersten Abschnittes der Präsentation anlegen. In der Registerkarte **Start/Neue Folie** gibt es die entsprechende Vorlage: **Abschnittsüberschrift**.

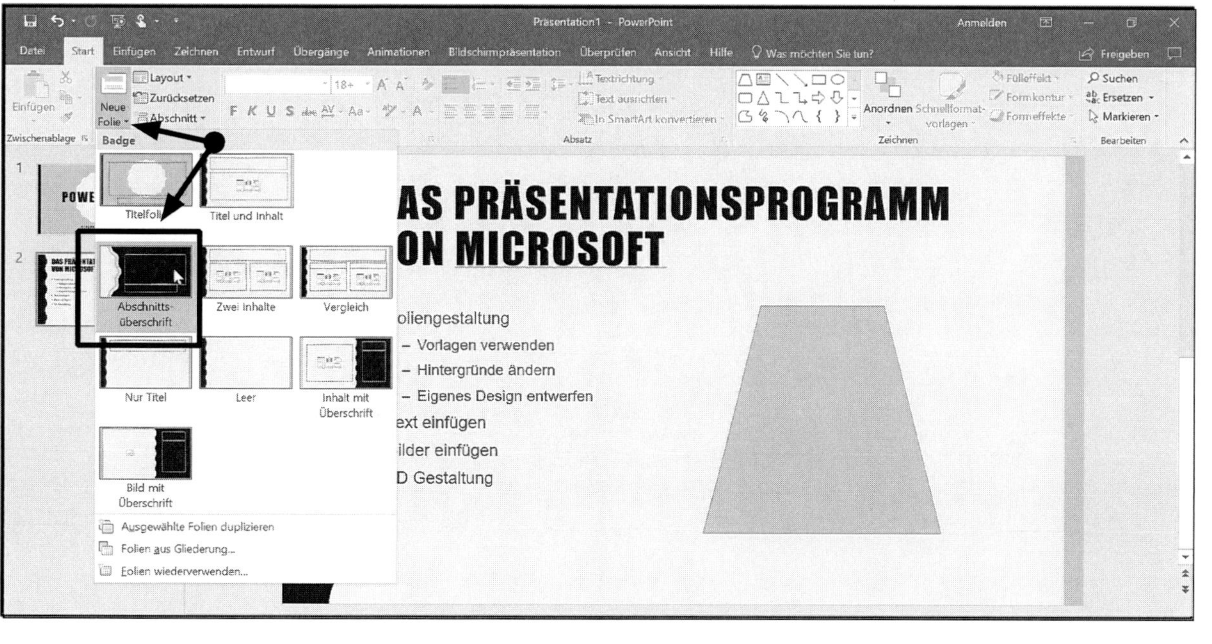

PowerPoint für die Schule
Kopiervorlagen ab dem 8. Schuljahr – Bestell-Nr. 12 244
KOHL VERLAG

Gestaltungsmöglichkeiten

In dem Textfeld **Titel hinzufügen**, tragen wir die Überschrift des ersten Abschnittes, nämlich **Foliengestaltung** ein.

In dieser Formatvorlage ist ja die Schriftgröße und Schriftart vorgegeben. Das hat jetzt dazu geführt, das ein Zeilenumbruch angelegt wurde. Das ist aber wegen der Übersichtlichkeit nicht erwünscht. Können wir das ändern? Wir schauen uns die verschiedenen Möglichkeiten an.

Gestaltungsmöglichkeiten

Als erstes können wir das Textfeld so breit ziehen, bis der Text in einer Zeile steht und dann verschieben wir es noch. Das Ergebnis ist aber nicht zufriedenstellend, links ist es zu nahe an dem Muster und rechts zu nahe am Rand. Also machen wir diese Änderungen wieder rückgängig.

Es ist hier eine sehr große Schrift eingestellt, die werden wir nun verkleinern. In der Registerkarte **Start** gibt es ein Feld **Schriftart**, dort stellen wir eine andere Größe ein. In unserem Fall kommen wir mit der Größe von **72 Pt**. auf ein gutes Ergebnis.

Gestaltungsmöglichkeiten

Im zweiten Textfeld schreiben wir den ersten Untertitel **VORLAGEN ANWENDEN** ein, hier passt alles, da brauchen wir nichts zu verändern.

Nachdem wir nun alle Gliederungen angelegt haben, können wir uns dem Inhalt widmen. Dafür brauchen wir eine **Neue Folie**, diesmal nehmen wir eine **Leere Folie** ohne irgendwelche Vorgaben.

PowerPoint für die Schule
Kopiervorlagen ab dem 8. Schuljahr – Bestell-Nr. 12 244
KOHL VERLAG

Bilder, Textfelder, Autoformen

Diese leere Folie werden wir mit Inhalt füllen. Bei einer Präsentation soll der Vortrag im Vordergrund stehen, die Folien dienen nur als Unterstützung. Demzufolge sind Bilder eine gute Wahl. In der Registerkarte **Einfügen** ist der passende Button **Bilder** angelegt.

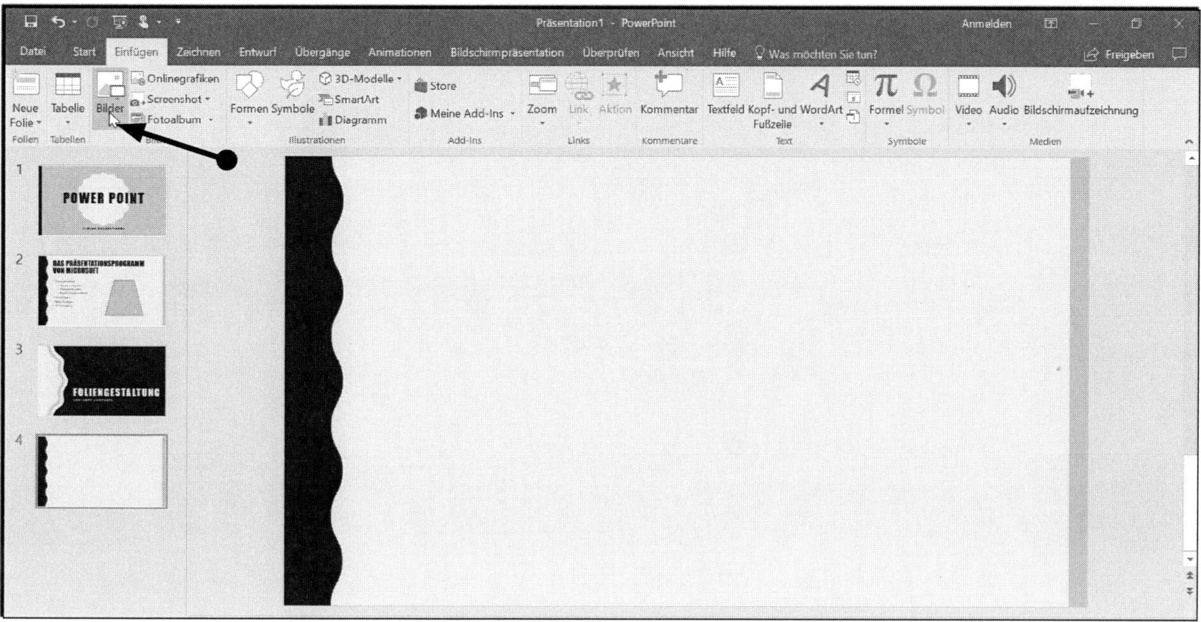

Ich habe hier einen **Screenshot** des Programms eingefügt. So eine Aufnahme können wir gleich im Programm machen. In der Registerkarte **Einfügen** ist gleich neben **Bilder** der passende Menüeintrag zu finden.

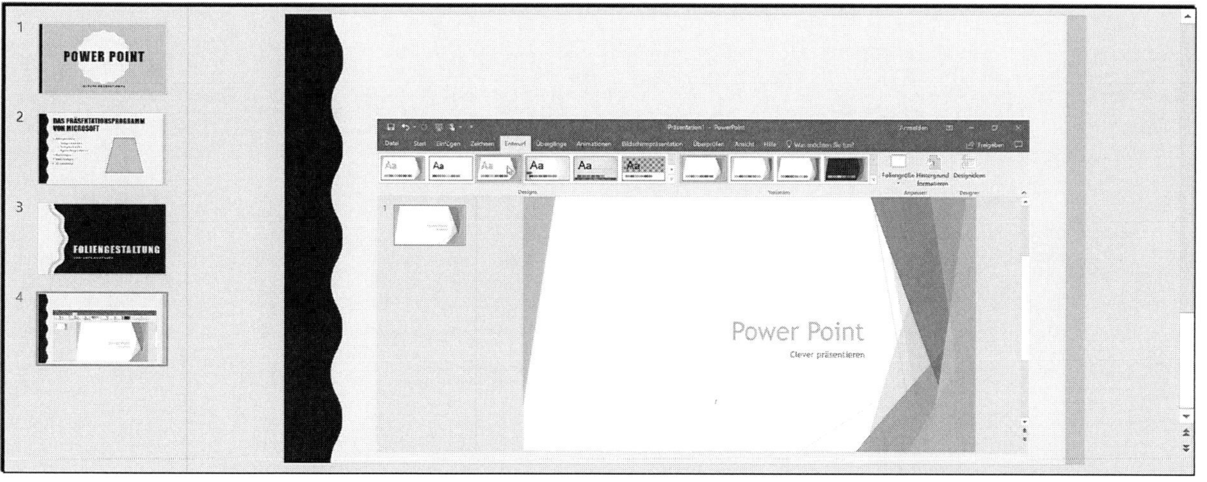

PowerPoint für die Schule
Kopiervorlagen ab dem 8. Schuljahr – Bestell-Nr. 12 244
KOHL VERLAG

Bilder, Textfelder, Autoformen

Damit der Zuhörer auf die Registerkarte **Entwurf** hingewiesen wird, werden wir das verdeutlichen. Dazu fügen wir zuerst bei **Einfügen/Formen** ein **Rechteck** mit abgerundeten Ecken ein.

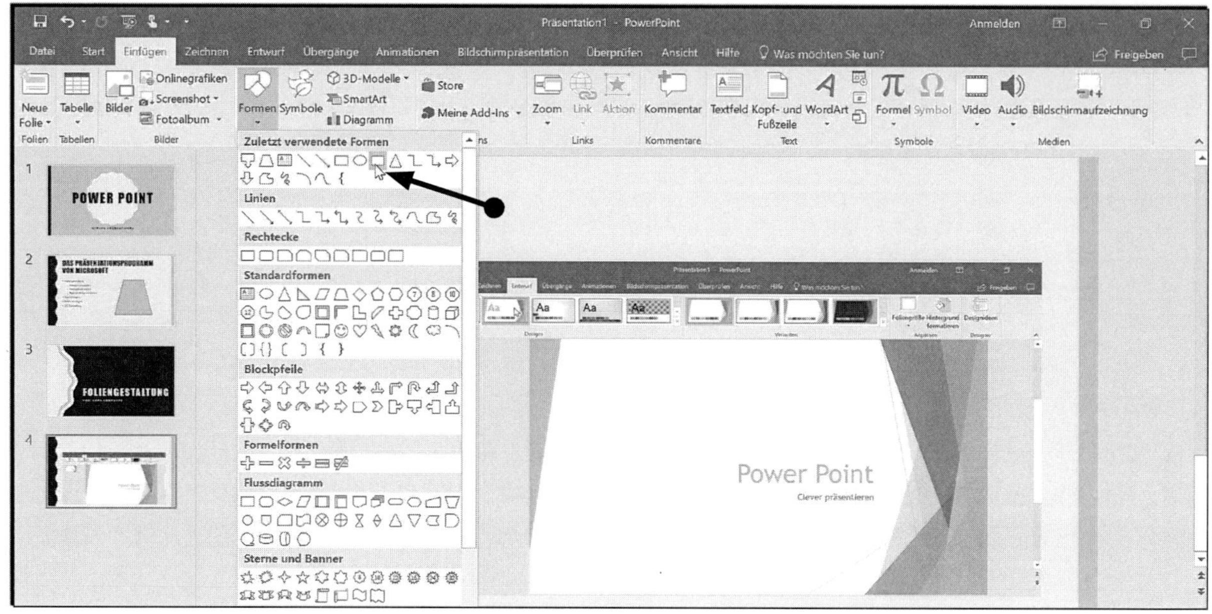

Wir ziehen es ungefähr so groß, wie hier unten zu sehen.

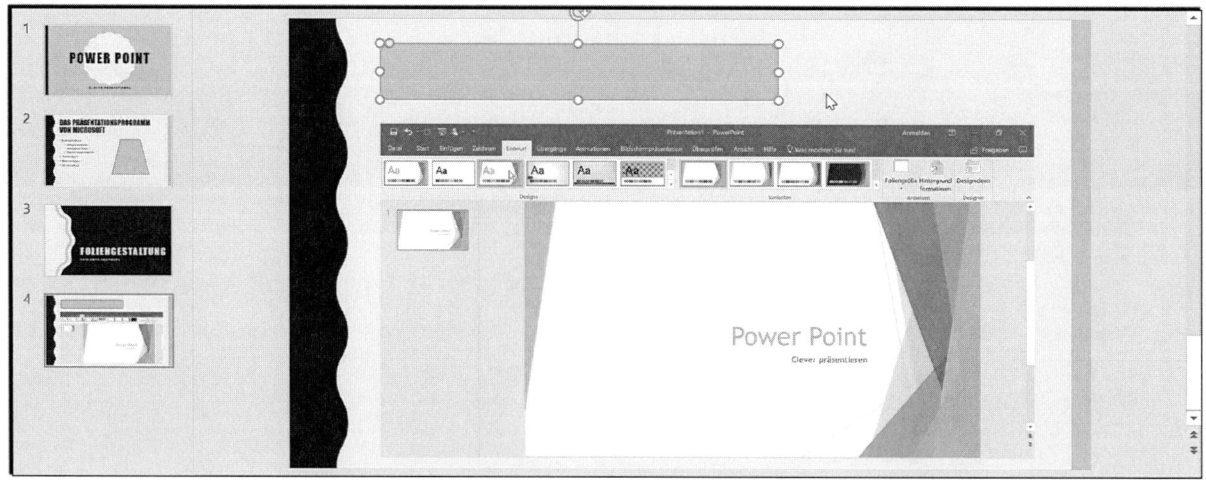

PowerPoint für die Schule
Kopiervorlagen ab dem 8. Schuljahr – Bestell-Nr. 12 244
KOHL VERLAG

Mit einem Doppelklick in die Form blinkt ein Cursor auf und wir können einen Text in die Form eingeben, da schreiben wir nun: **Registerkarte Entwurf**.

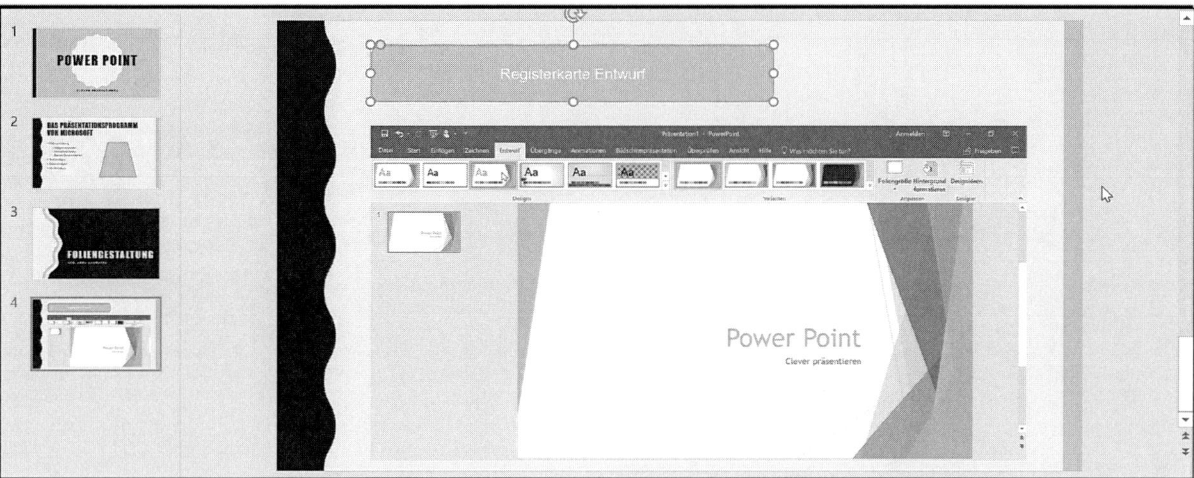

Die Schriftgröße ist diesmal zu klein, sie ist bei einem Vortrag schlecht zu lesen. Wir markieren den Text und öffnen das kleine Einstellfenster der Schriftgröße. Mit der Schriftgröße **44 Pt**. haben wir nun eine gute Lesbarkeit.

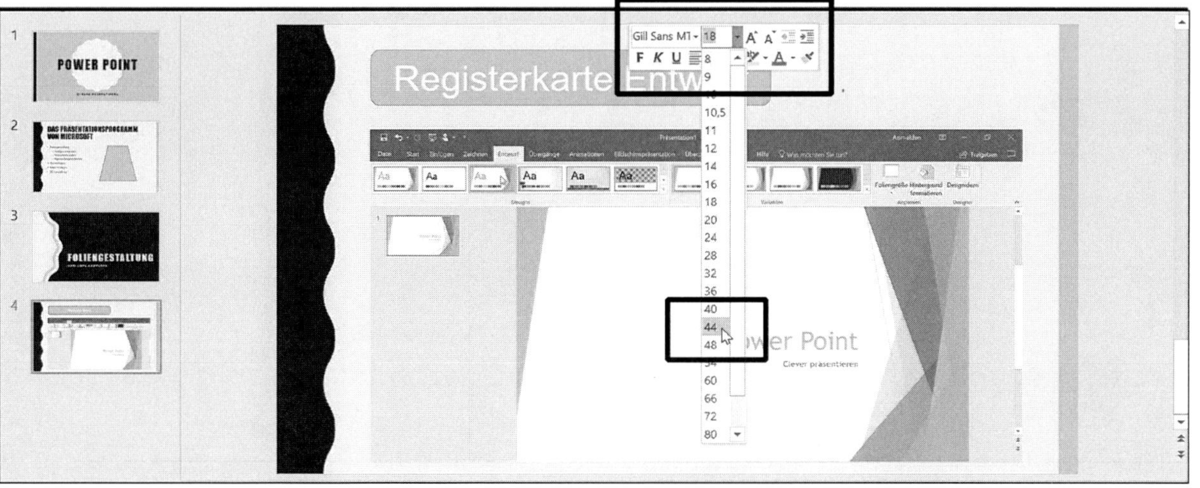

Eine weiße Schrift auf gelbem Hintergrund ist noch nicht ideal, die ändern wir auf **Schwarz**. Den Text wieder markieren und in dem kleinen Fenster **Schriftfarbe** klicken wir die gewünschte Schriftfarbe an.

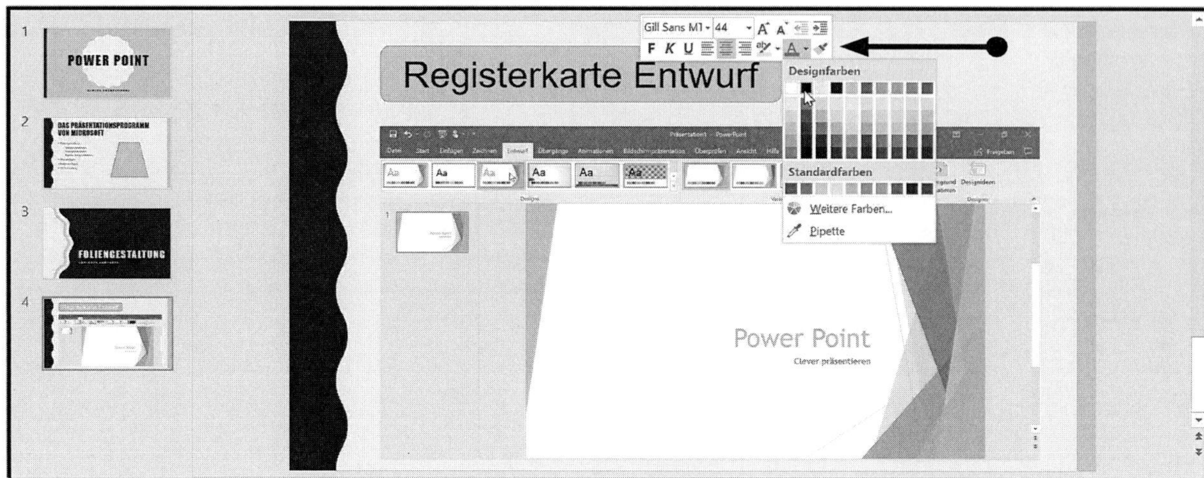

Mit einem Pfeil werden wir nun genau zeigen, wo die Registerkarte Entwurf zu finden ist. Bei **Einfügen/Formen** ist so ein **Pfeil** vorbereitet. Diesen Button anklicken und mit gedrückter linker Maustaste den Pfeil aufziehen. Wichtig! Zum Bild hinziehen, da sich dann die Pfeilspitze dort befindet.

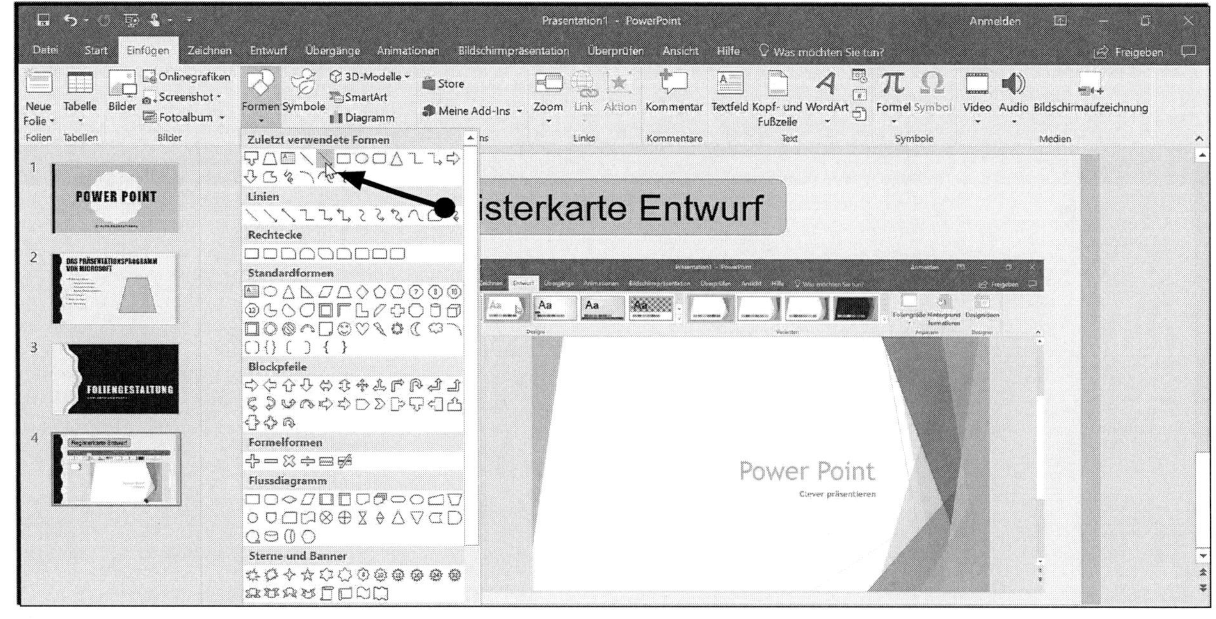

Bilder, Textfelder, Autoformen

Der Pfeil ist jetzt noch sehr dünn und in der falschen Farbe. In der Registerkarte **Zeichentools/Format** werden wir das ändern.

Zuerst stellen wir die Farbe auf **Schwarz** um, die Farbauswahl finden wir bei **Formkontur**.

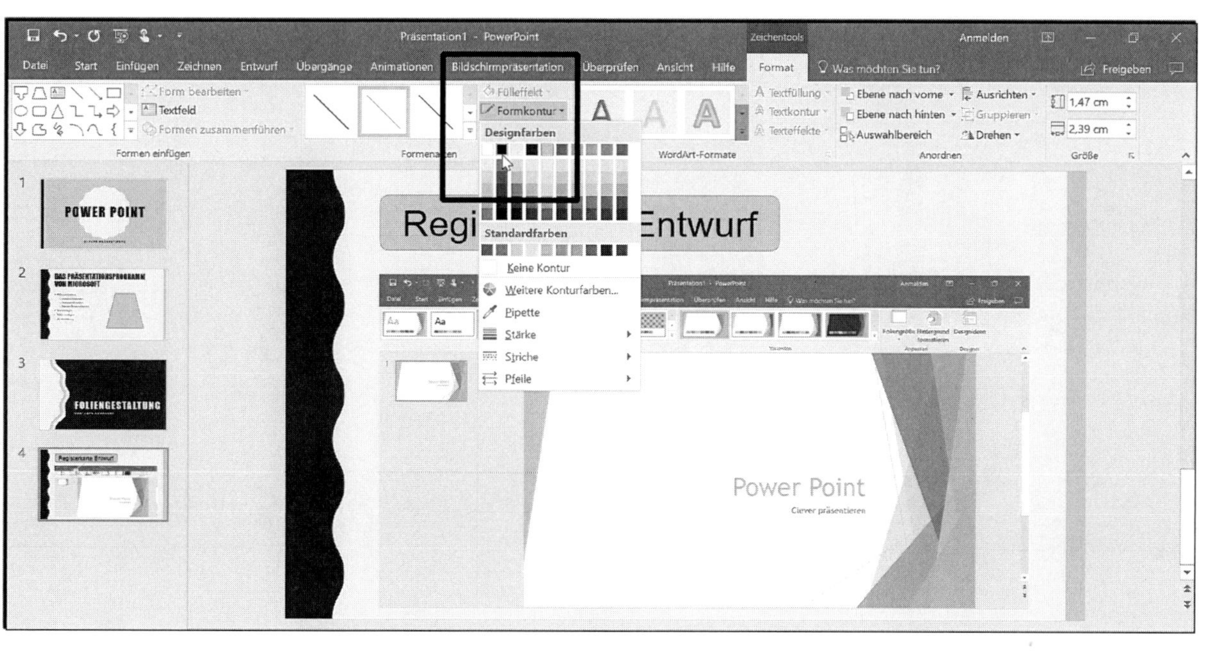

PowerPoint für die Schule
Kopiervorlagen ab dem 8. Schuljahr – Bestell-Nr. 12 244
KOHL VERLAG

Bilder, Textfelder, Autoformen

In dem selbem Auswahlfenster können wir bei **Stärke** den Strich verändern, hier **6 Pt.** anklicken.

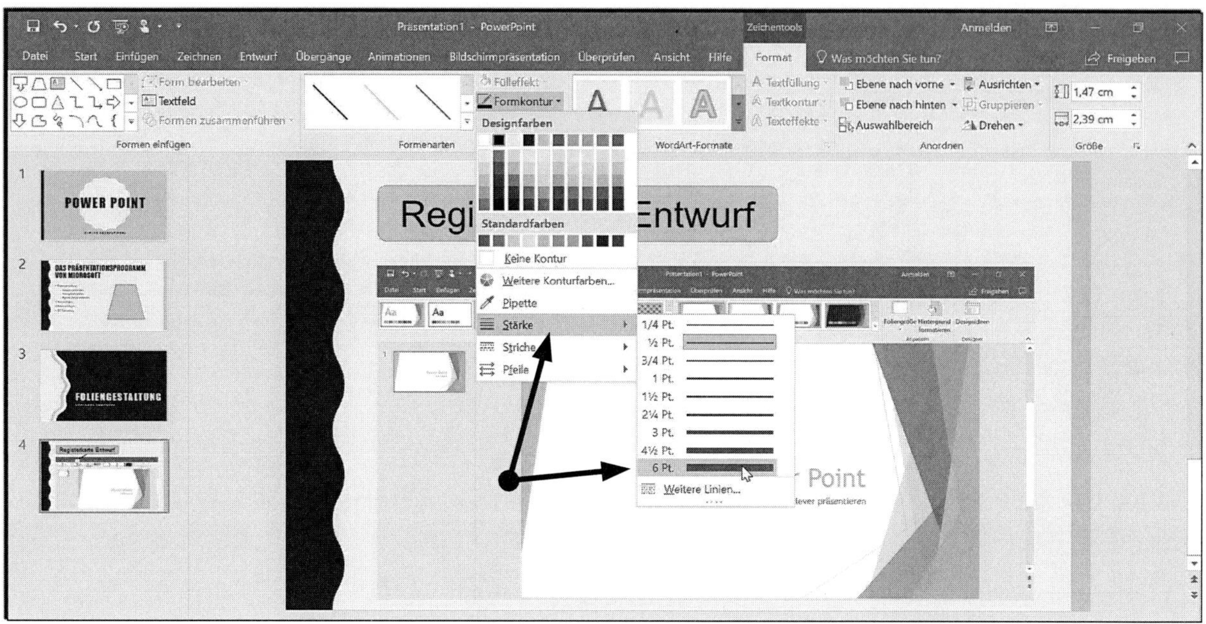

So schräg platziert wirkt der Pfeil nicht professionell.

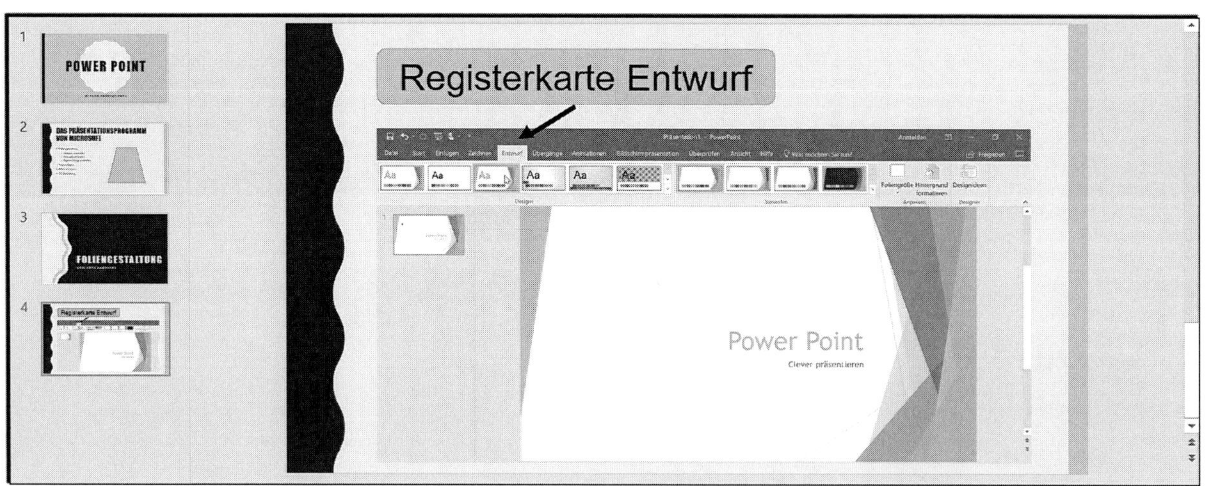

PowerPoint für die Schule
Kopiervorlagen ab dem 8. Schuljahr – Bestell-Nr. 12 244
KOHL VERLAG

Bilder, Textfelder, Autoformen

Wenn wir ihn aber mit Hilfe der Verschiebepunkte senkrecht anordnen, ist er kaum noch zu sehen. In diesem Fall wäre er eine schlechte Wahl, deshalb löschen wir ihn wieder.

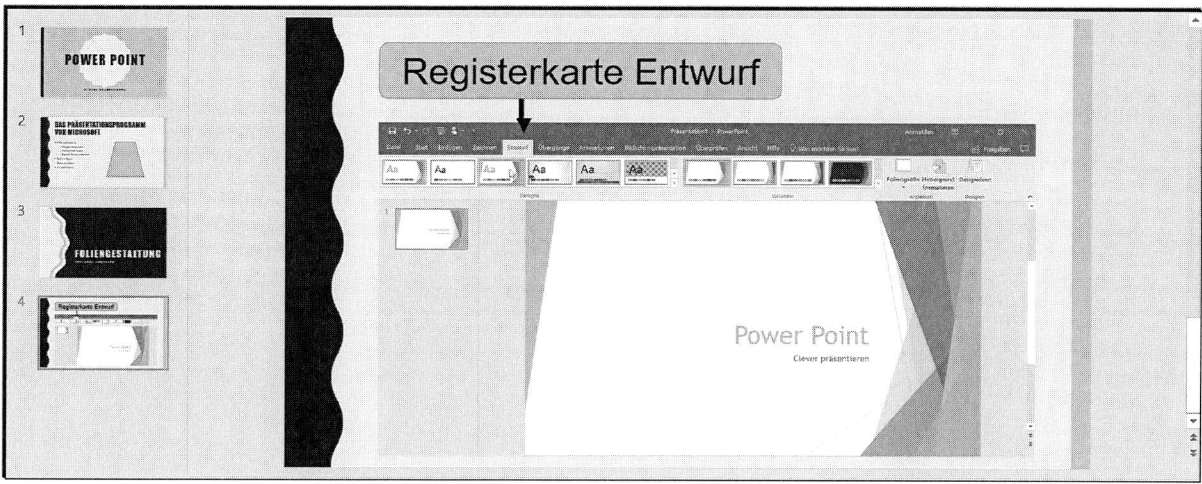

Unter **Einfügen/Formen** gibt es noch einen weiteren **Pfeil in Blockform**. Sie finden diesen Pfeil entweder bei **Zuletzt verwendete Formen** oder bei **Blockpfeile**, **Pfeil nach unten**.

PowerPoint für die Schule
Kopiervorlagen ab dem 8. Schuljahr – Bestell-Nr. 12 244
KOHL VERLAG

Bilder, Textfelder, Autoformen

Der Blockpfeil lässt sich mit Hilfe der Ziehpunkte perfekt in der Größe anpassen. Auch hier könnten wir noch die Farbe ändern.

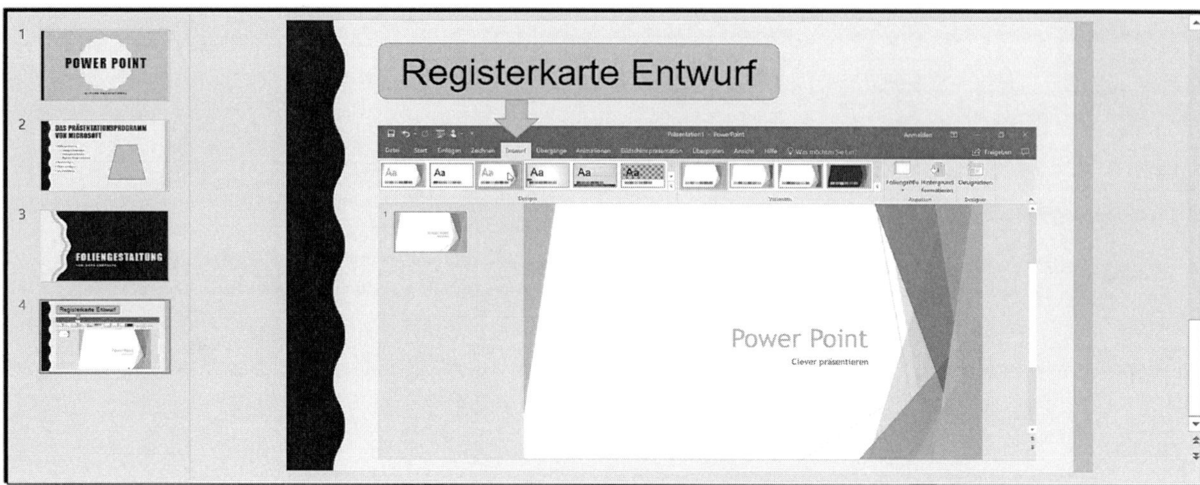

Den Pfeil markieren, auf **Zeichentools/Format** gehen und jetzt **Fülleffekt** anklicken. Die bekannte Farbtabelle wird eingeblendet und auch hier stellen wir auf **Schwarz** um.

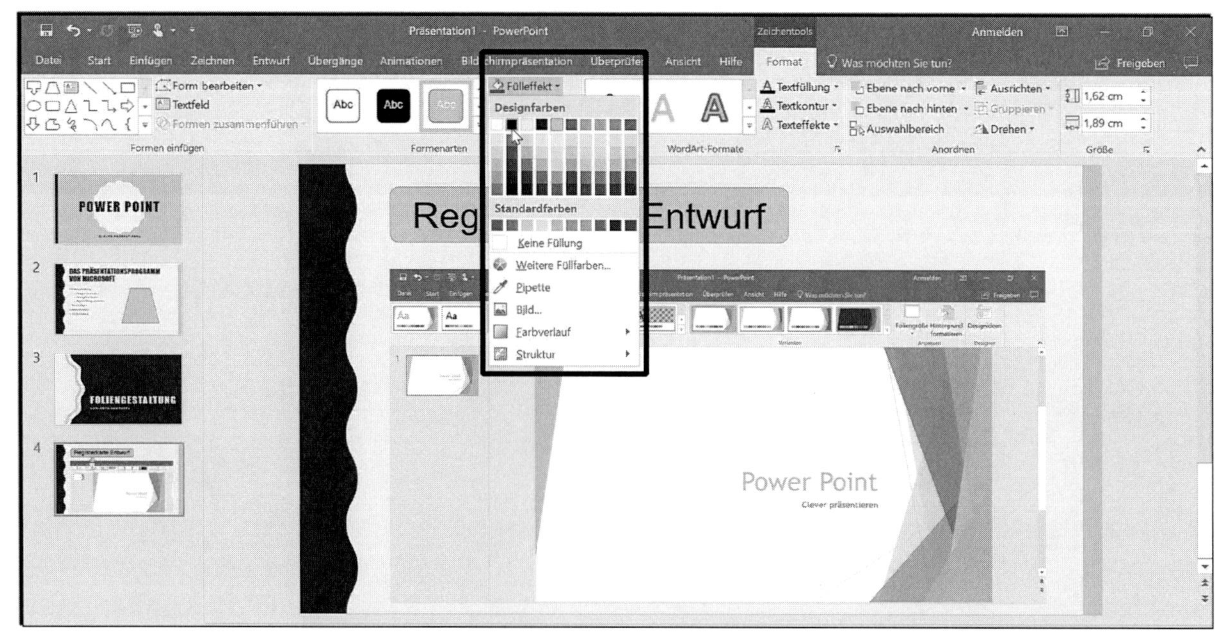

Bilder, Textfelder, Autoformen

Der schwarze Blockpfeil ist deutlicher zu sehen, weil er mehr Kontrast zu den anderen Elementen aufweist.

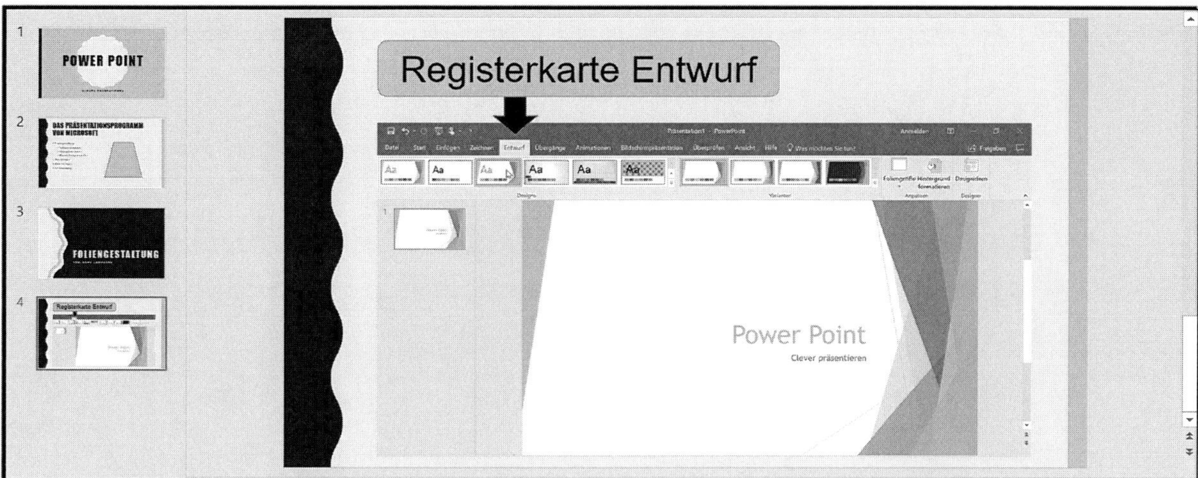

Die vorgefertigten Designs sind zwar leicht anzuwenden, passen aber nicht immer zu unserem Inhalt. Für diese Übung legen wir ein **Neues Dokument** an und wechseln auf die Registerkarte **Entwurf**. Rechts gibt es den Button **Hintergrund formatieren**, diesen anklicken.

Design ändern

Bei Füllung sollte die einfarbige Füllung markiert sein, als **Farbe** ist Weiß eingestellt. Ich habe sie hier als Beispiel in ein kräftiges **Rot** umgewandelt, stellt sie bei euch auch mal so um. Wenn wir uns die Folie jetzt betrachten, blendet das Rot ungemein und die Schrift ist kaum zu sehen. So eine Farbe ist also eine schlechte Wahl für die Präsentation, wenn der Hintergrund so dominant ist.

Mit Hilfe des Schiebereglers für die **Transparenz** können wir die kräftige Farbe abschwächen. An dieser Stelle könnt ihr noch andere Farben ausprobieren, für die nächsten Schritte brauchen wir aber wieder das **Weiß** und eine **Transparenz** von **Null Prozent**.

PowerPoint für die Schule
Kopiervorlagen ab dem 8. Schuljahr – Bestell-Nr. 12 244
KOHL VERLAG

Design ändern

Die Farbe, die wir vorhin eingestellt hatten, wäre nur auf der aktuellen Folie angewendet worden. Wir wollen aber die Hintergrundfarbe für alle Folien gleich haben und auch noch eine kleine Mustergestaltung vornehmen. Dafür gibt es in der Registerkarte **Ansicht** den **Folienmaster**.

Mit dem Folienmaster können wir nun selbst Musterfolien erstellen. Die erste Folie ist die Masterfolie, hiermit können wir eine eigene Formatvorlage entwerfen. Alle darunter angezeigten vorformatierten Folien werden dann mit diesem Design ausgestattet.

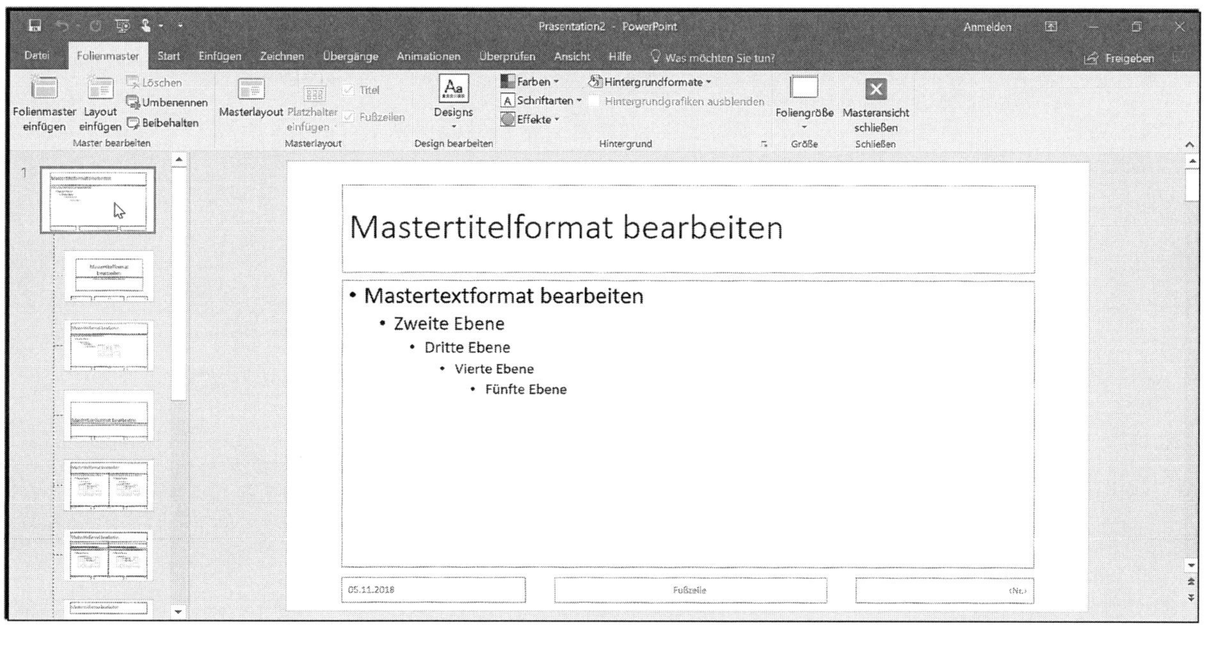

PowerPoint für die Schule
Kopiervorlagen ab dem 8. Schuljahr – Bestell-Nr. 12 244
KOHL VERLAG

Folienmaster

Zuerst legen wir eine Hintergrundfarbe fest. Unser Thema soll Nutzpflanzen sein, da wäre Grün eine zum Thema passende Farbe. Wir rufen bei **Hintergrundformate** die Auswahl **Hintergrund formatieren ...** auf.

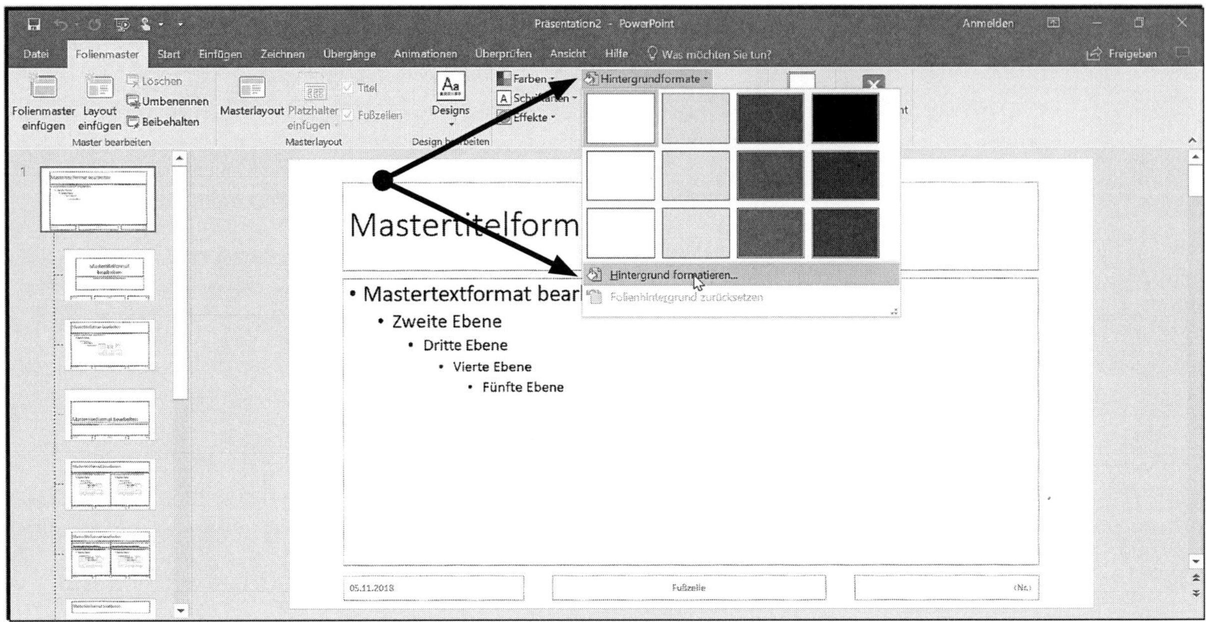

Unser schon bekanntes Menüfenster mit der Farbpalette wird geöffnet. Dort wählen wir einen nicht ganz so kräftigen **Grünton** aus.

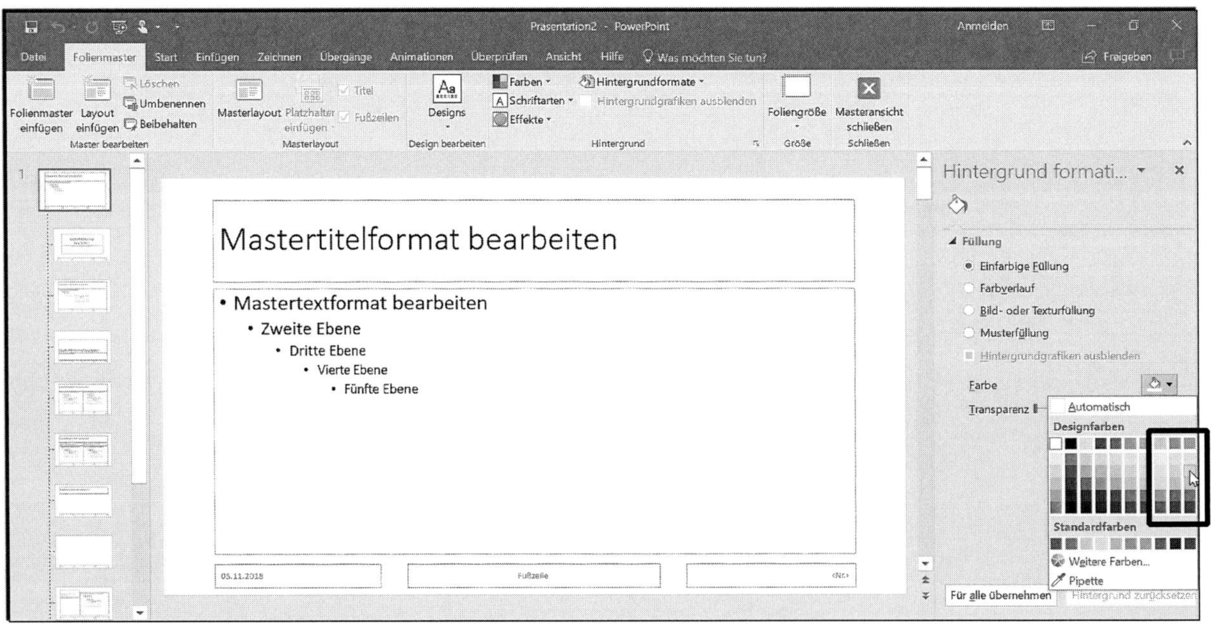

Folienmaster

Hier ist nun schon gut zu sehen, das alle Musterfolien diesen zartgrünen Hintergrund erhalten haben. Bei **Schriftarten** ändern wir gleich noch die voreingestellte **Calibri Light** in **Arial** um.

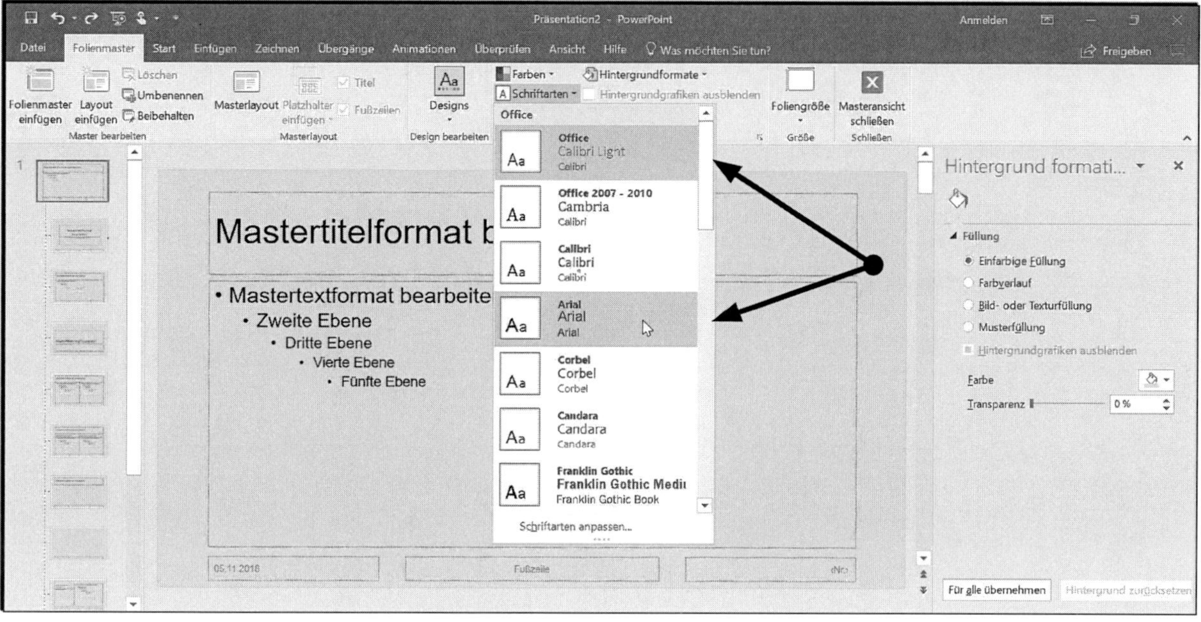

Der Hintergrund sieht noch etwas leer aus. Wir werden deshalb jetzt einen Rahmen anlegen und wechseln auf die Registerkarte **Einfügen**. Bei **Formen** nehmen wir **Abgerundetes Rechteck**

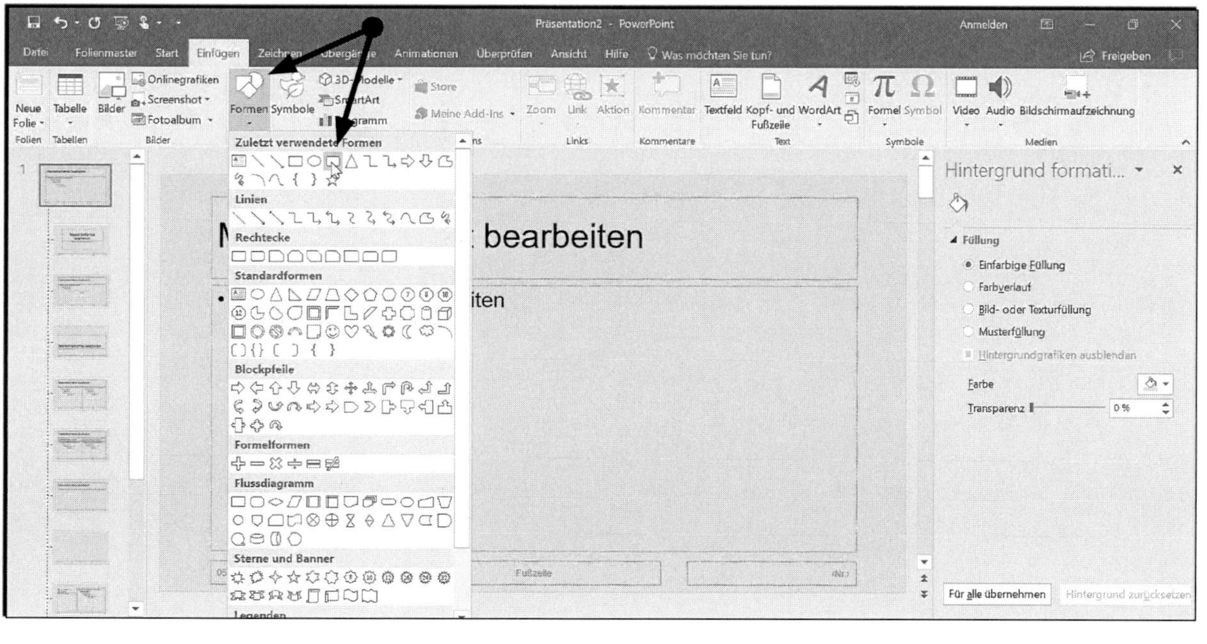

Folienmaster

Mit gedrückter linker Maustaste ziehen wir das Rechteck so groß auf, das ringsum ein schmaler Rand übrigbleibt. Mit den Ziehpunkten stellen wir noch die Feinheiten ein. Standardmäßig werden die Objekte mit Füllung angelegt. Mit einem Klick auf **Keine Füllung** entfernen wir diese.

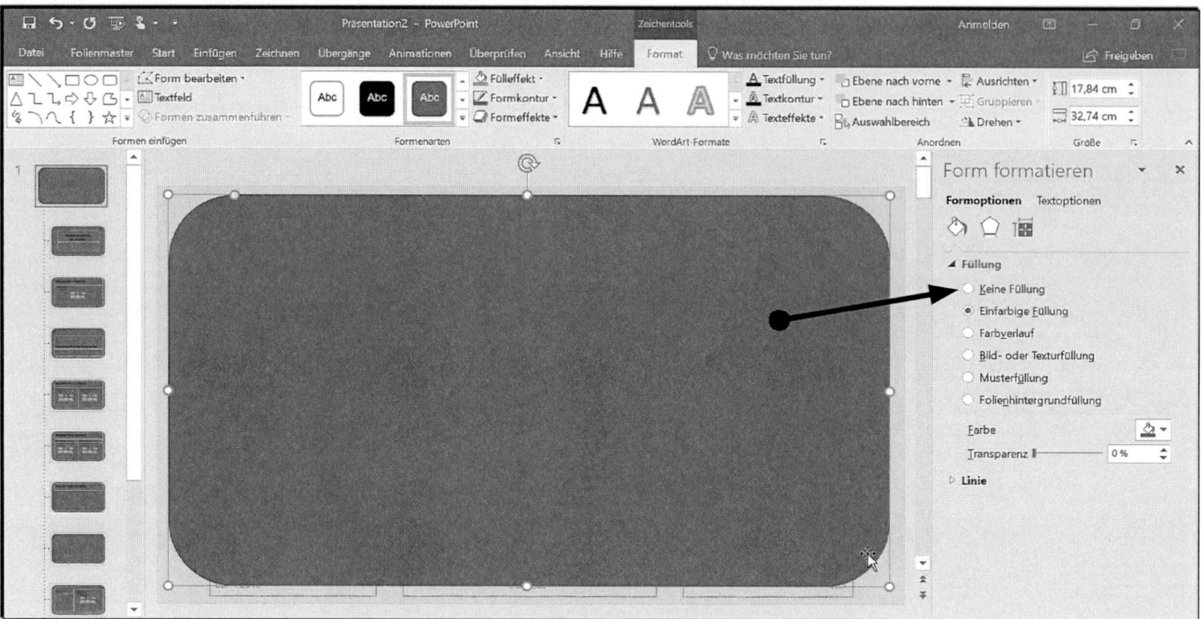

Als zweites passen wir die Linie an, deshalb den Menüpunkt **Linie** anwählen. Als Farbe stellen wir das **Dunkelgrün** ein.

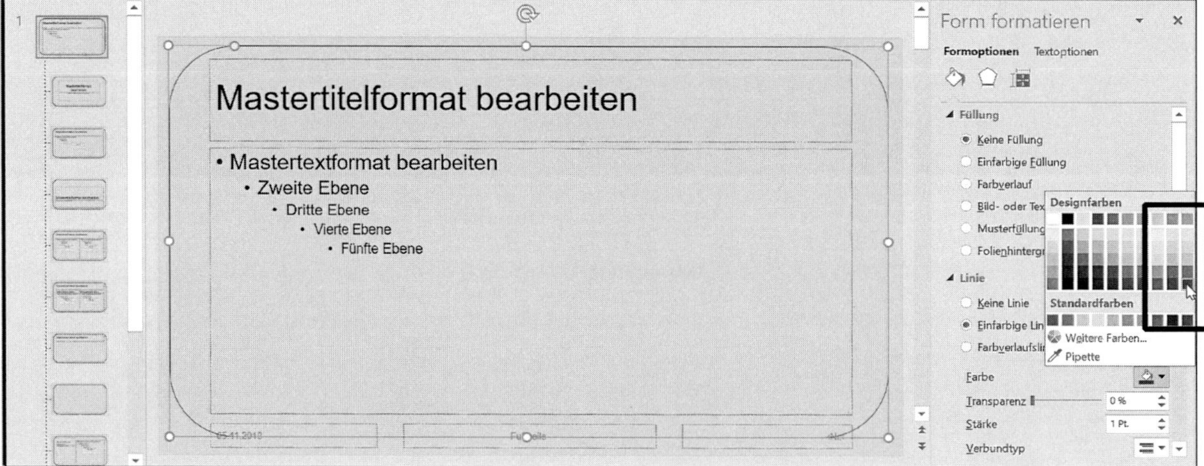

Da die Linie noch sehr dünn ist, erhöhen wir die **Stärke** auf **3 Pt**.

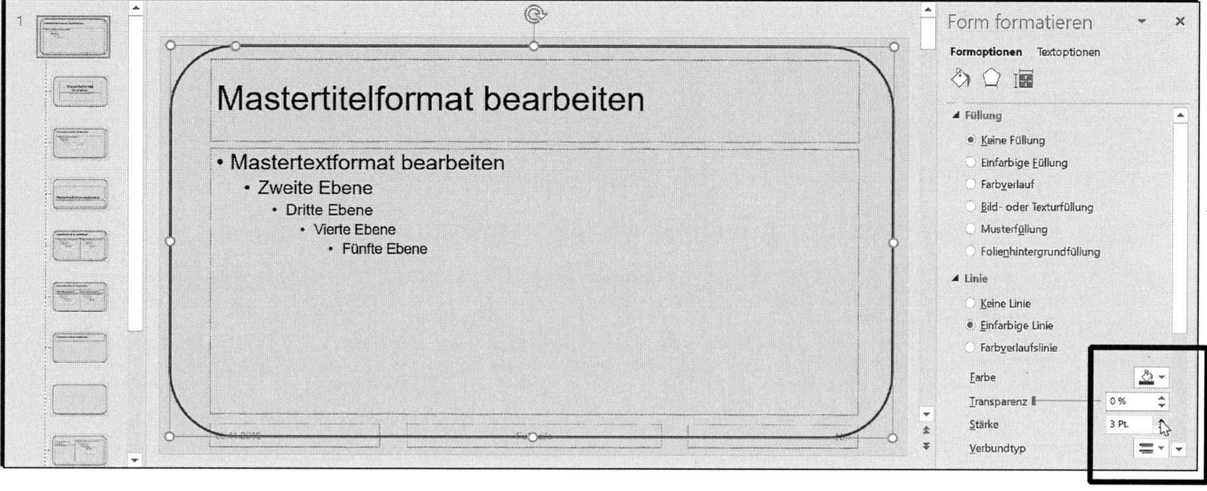

Zum Schluss richten wir den Rahmen noch mittig aus. Unter **Zeichentools/Format** klicken wir auf den Menüpunkt **Ausrichten**. Aus der Liste zuerst **Horizontal zentrieren** wählen, nochmals die Liste aufrufen und **Vertikal zentrieren** anklicken.

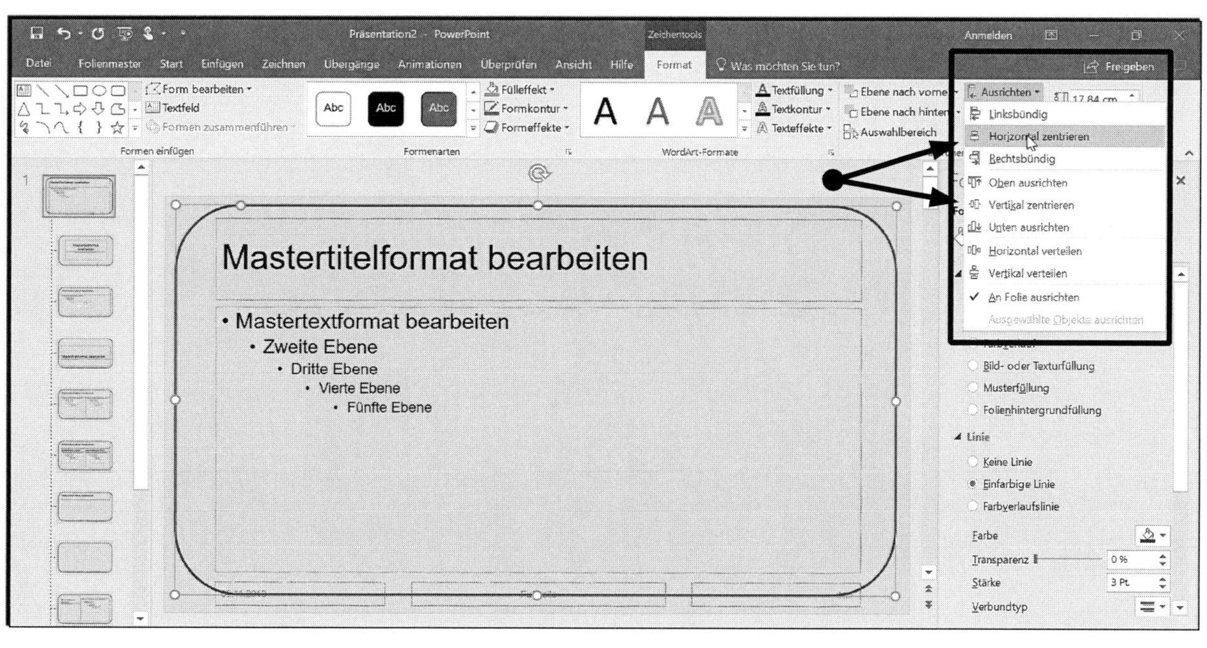

PowerPoint für die Schule
Kopiervorlagen ab dem 8. Schuljahr – Bestell-Nr. 12 244
KOHL VERLAG

Folienmaster

Links in der Übersicht können wir sehen, dass unser Rechteck auch auf alle anderen Musterfolien angelegt wurde. Um die Bearbeitung abzuschließen, ist es wichtig, die **Masteransicht** mit dem entsprechenden Button zu **schließen**!

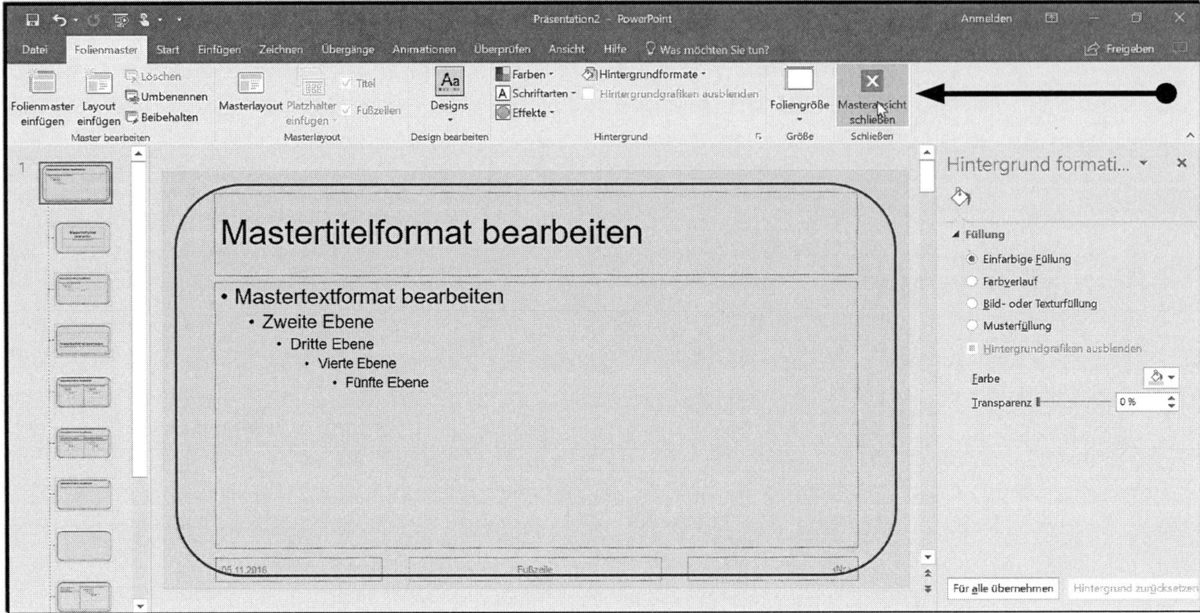

Beginnen wir mit der Erstellung der Präsentation. Als großes Thema war ja **Nutzpflanzen** angedacht, also geben wir dieses in das erste Textfeld ein.

PowerPoint für die Schule

Folienmaster

In das zweite Textfeld tragen wir noch einen erklärenden Zusatz ein. Text: Geschichte und Bedeutung.

Jetzt brauchen wir eine zweite Folie, in der wollen wir eine Übersicht der Präsentation angeben. Bei **Neue Folie** klicken wir deshalb auf **Titel und Inhalt**.

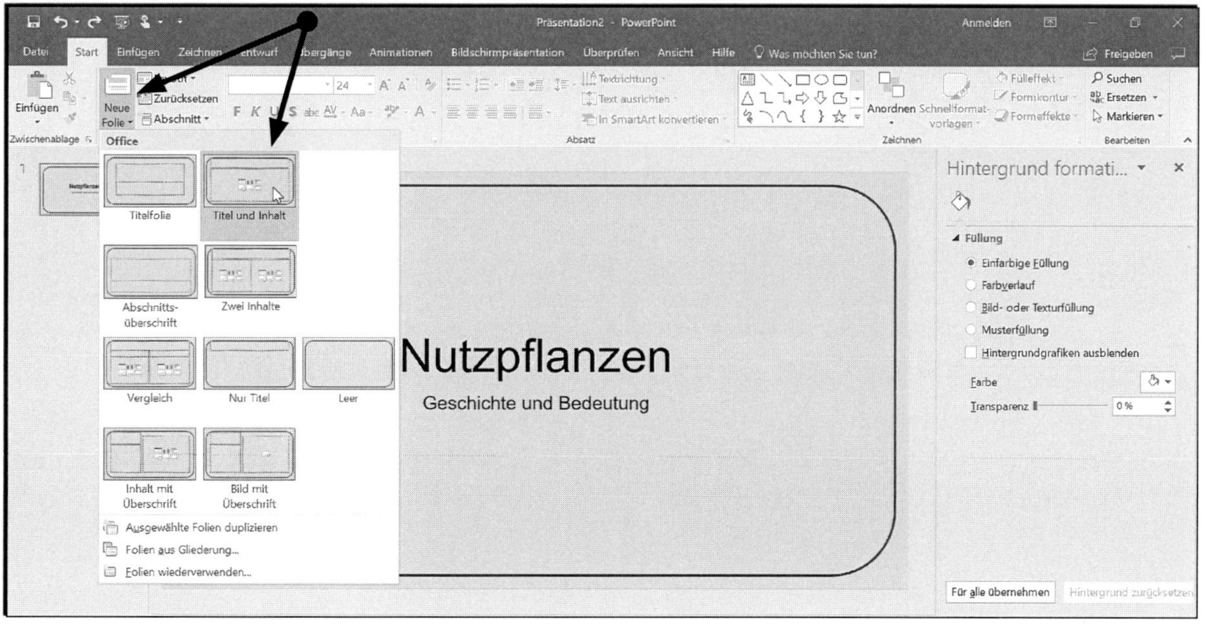

PowerPoint für die Schule
Kopiervorlagen ab dem 8. Schuljahr – Bestell-Nr. 12 244
KOHL VERLAG

Beschriftung der Folien

Diese Folie dient nur als kleine Gedankenstütze für die Zuhörer, während der Redner seinen Vortrag hält. Also kurz und knapp, um was geht es jetzt? Oben das große Hauptthema.

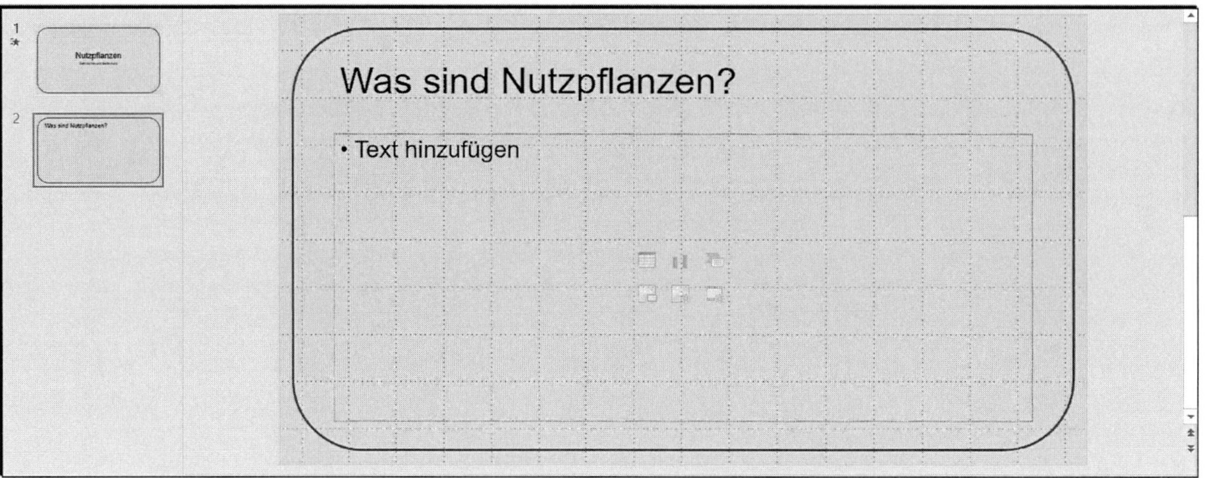

Im zweiten Textfeld können wir weitere Stichpunkte aufführen. Bei dieser Vorlage wird automatisch eine Listenansicht erstellt. Für die Unterpunkte wird am Zeilenanfang erst die Tabulatortaste gedrückt, dadurch wird der Text eingerückt und gleich eine kleinere Schriftgröße eingestellt.

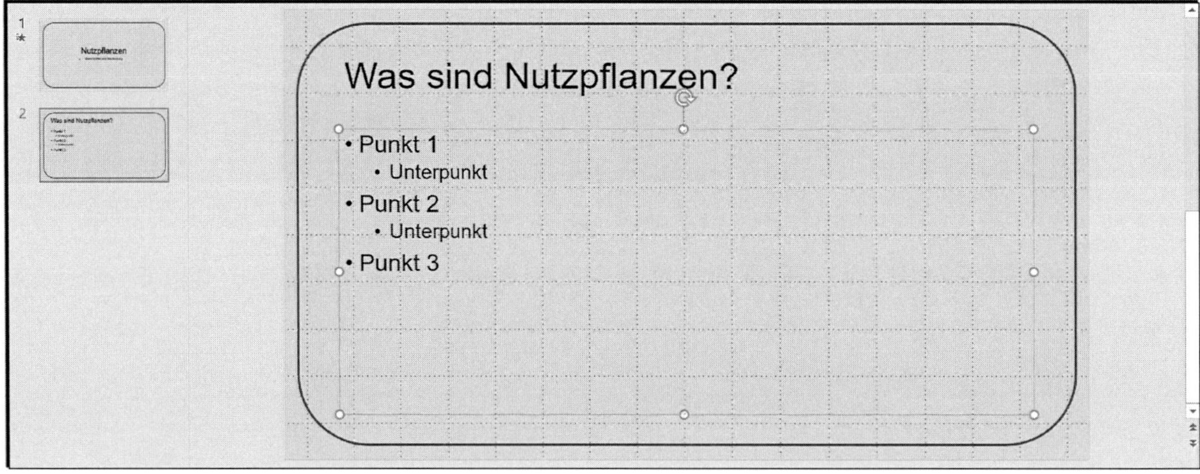

KOHL VERLAG
PowerPoint für die Schule
Kopiervorlagen ab dem 8. Schuljahr – Bestell-Nr. 12 244

Beschriftung der Folien

Der nächste Abschnitt befasst sich mit Getreide. Zuerst soll darüber allgemeines erzählt und einzelne Sorten aufgezählt werden. Deshalb wählen wir als nächste Folie wieder **Titel und Inhalt**.

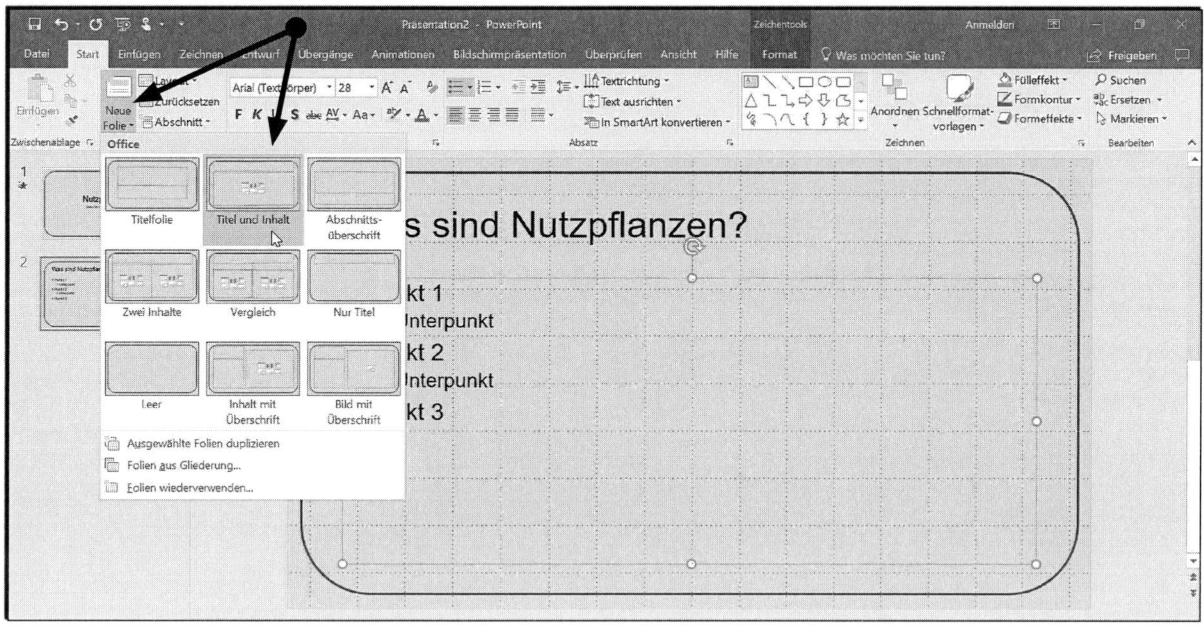

In das obere Textfeld wieder das Hauptthema **Getreide** schreiben, in das untere die einzelnen Sorten. In einem solchen Fall nicht eine ellenlange Liste schreiben, sondern nur wie hier maximal vier Beispiele. Text: **Weizen**, **Gerste**, **Roggen**, **Hafer**. Das reicht als Gedankenstütze für die Zuhörer. Den eigentlichen Inhalt sollte dann der Redner mündlich mitteilen können.

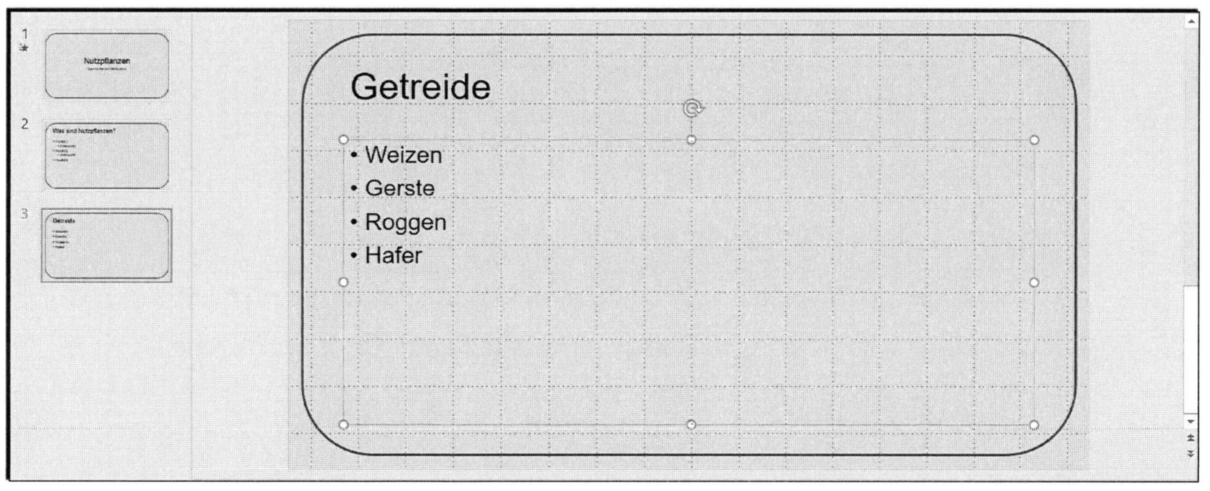

Beschriftung der Folien

Jetzt sollen noch einzelne Getreidesorten vorgestellt werden. Es heißt ja, Bilder sagen mehr als Worte, deswegen wählen wir für die nächste Folie **Bild mit Überschrift**.

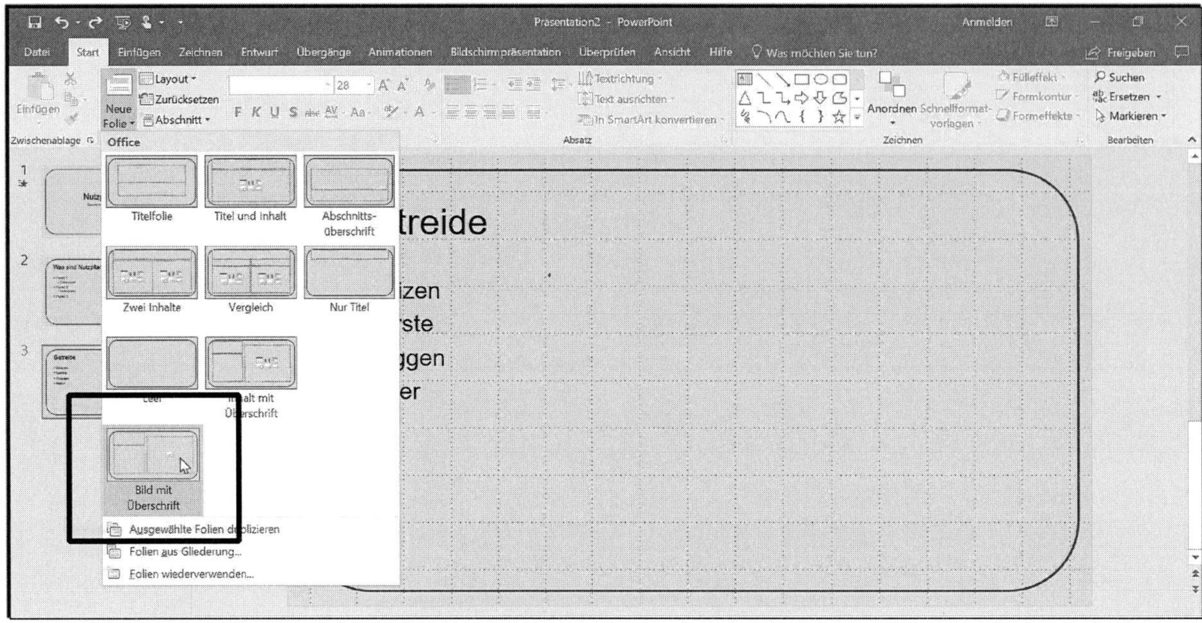

In diese Vorlage können wir eine große Überschrift, einen Text und ein Bild einfügen.

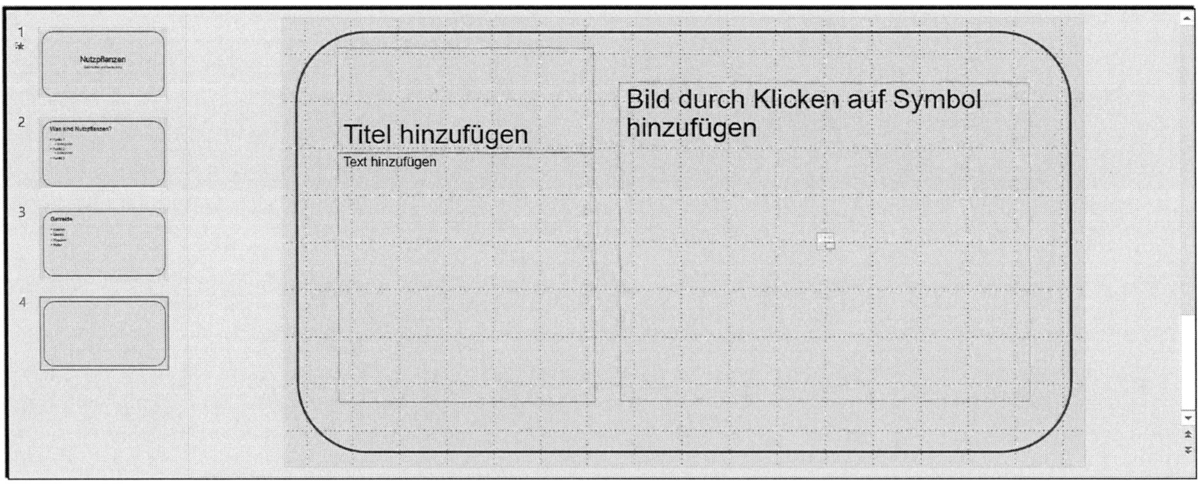

PowerPoint für die Schule
Kopiervorlagen ab dem 8. Schuljahr – Bestell-Nr. 12 244
KOHL VERLAG

Gestaltung der Folien

Als Überschrift nehmen wir natürlich **Weizen**, um den soll es ja gehen. Das untere Textfeld ist normal formatiert, hier wollen wir aber eine Aufzählung erstellen, dazu müssen wir es entsprechend formatieren. Unter **Start** gibt es den passenden Button, hier können wir uns verschiedene **Aufzählungszeichen** aussuchen. Text: **Anbaugebiete**.

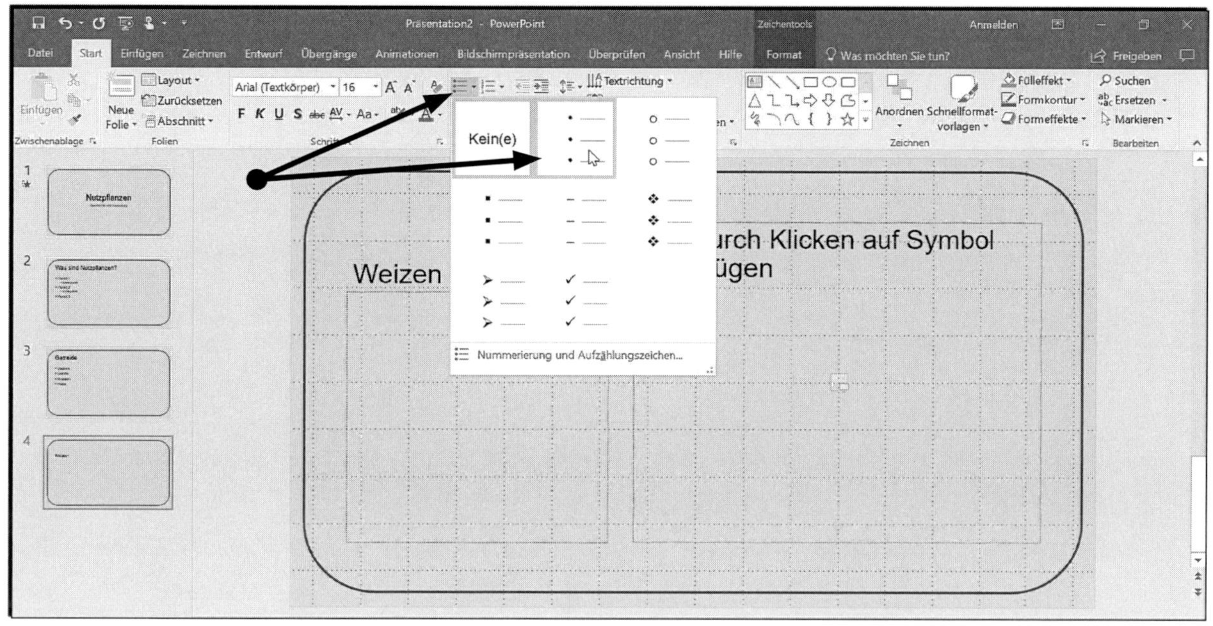

Beim ersten Eintrag wirkt die Schrift etwas klein, im Menü Schriftart wird angezeigt, sie ist nur 16 Pt. groß. Für Präsentationen sollte die Schrift aber mindestens **20 Pt**. groß sein, damit es auch von jedem zu lesen ist.

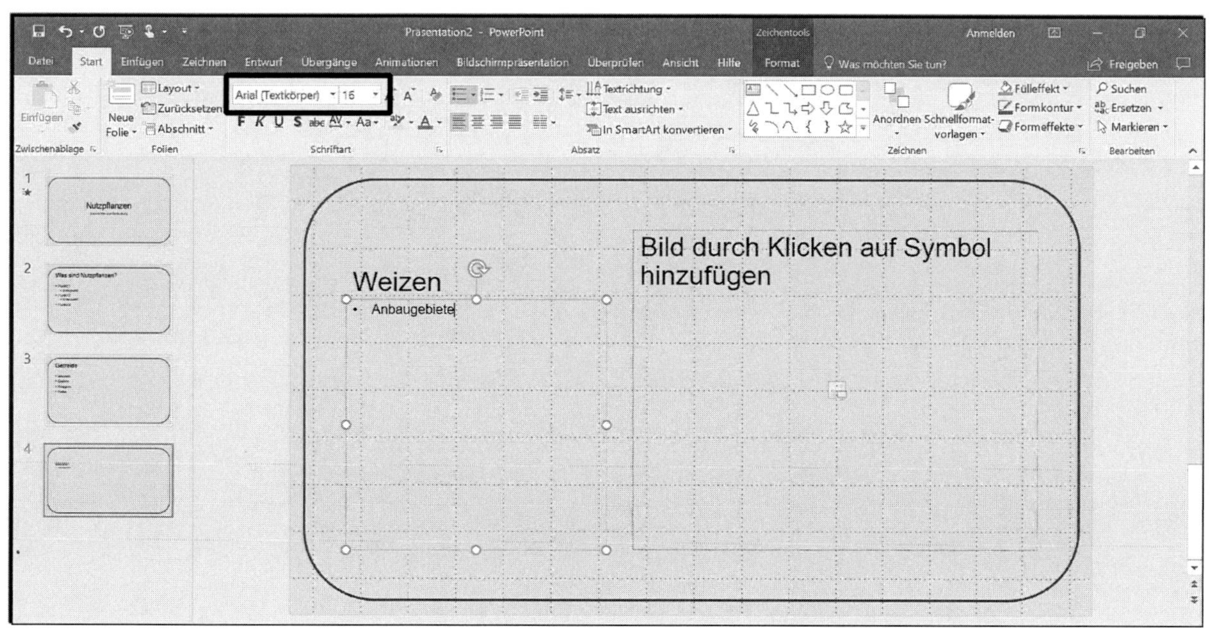

Gestaltung der Folien

In dem Auswahlfenster stellen wir die Größe um, für eine Voransicht reicht es, wenn der Mauszeiger auf die Größenangabe platziert wird. Bei **28 Pt**. ist eine gute Lesbarkeit gegeben.

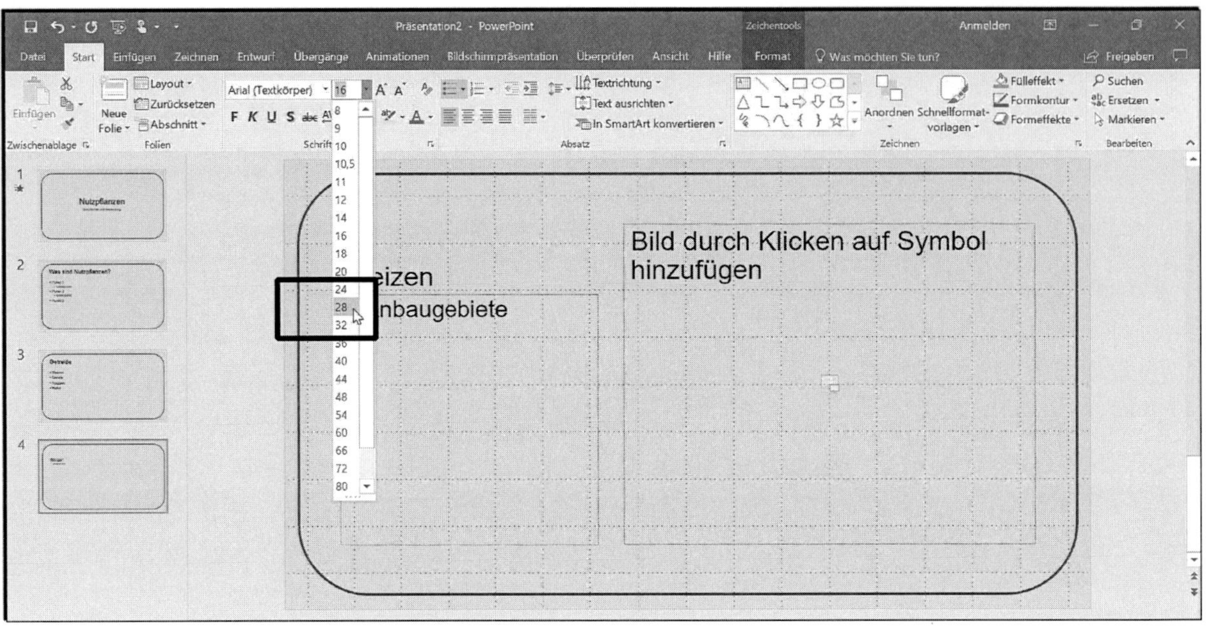

Text im unteren Textfeld: Anbaugebiete, Erntezeit, usw. Durch die Größenänderung wirkt unsere Überschrift Weizen jetzt nicht mehr als Blickfang. Also müssen wir diese vergrößern. Dazu in das obere Textfeld wechseln.

Bei **54 Pt**. Größe ist wieder ein guter Kontrast zur Aufzählung gegeben.

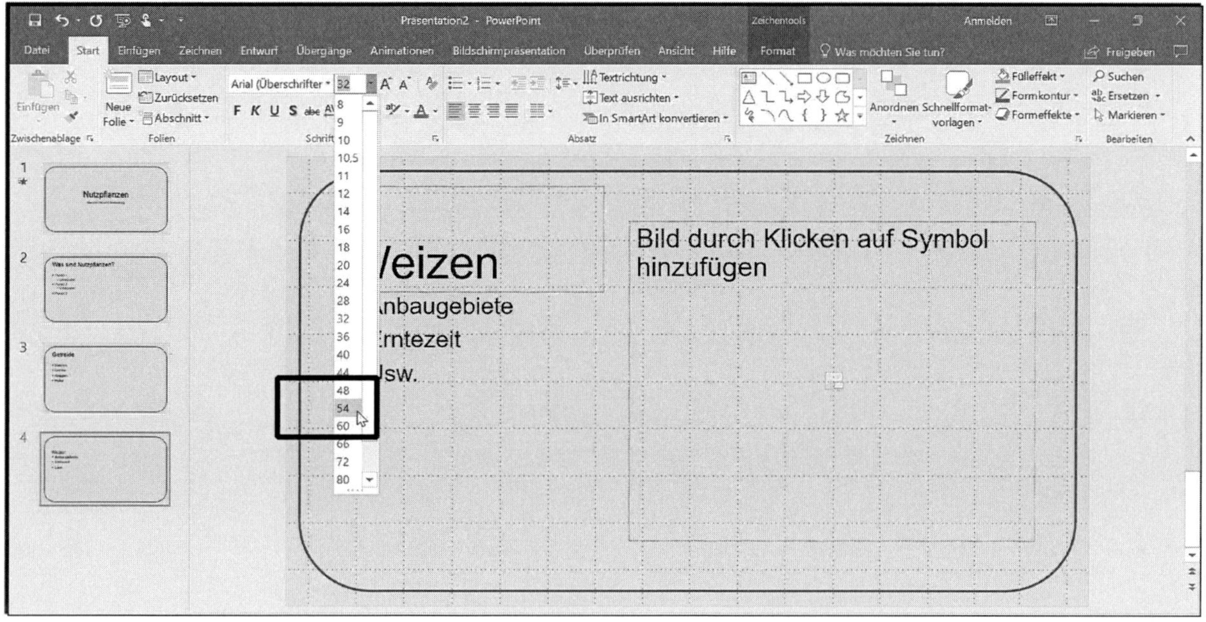

Im unteren Textfeld fügen wir oberhalb der ersten Zeile noch **eine Leerzeile** ein, das hebt die Überschrift noch mal ab. Rechts sollte noch ein Bild eingefügt werden, am besten eins mit reifen Weizenähren, damit der Zuhörer auch einen optischen Eindruck gewinnt, wie Weizen überhaupt aussieht. Während diese Folie angezeigt wird, referiert der Redner über Anbau, Verbreitung usw.

Gestaltung der Folien

Was kann man mit Weizen anfangen? Das will der Redner jetzt ausführen. Wir verwenden für diese Folie dieselbe Vorlage wie vorhin, tragen als Überschrift wieder **Weizen** ein, stellen gleich auf die größere Schrift um. Das untere Feld wird ebenfalls wieder mit Aufzählungszeichen formatiert und einzelnen Stichpunkten, Text: Mehl, Backwaren, usw., eingetragen. Als Bild wäre hier vorstellbar, eines mit einem Brot oder einem Kuchen.

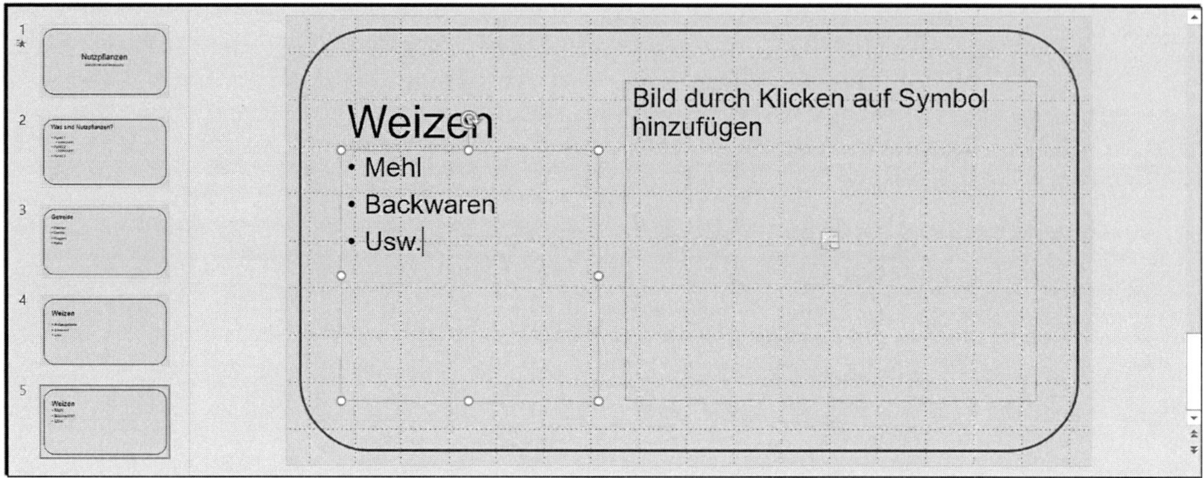

Die Folien für die anderen Getreidesorten (Gerste, Roggen, Hafer) können mit dem gleichen Layout angelegt werden.

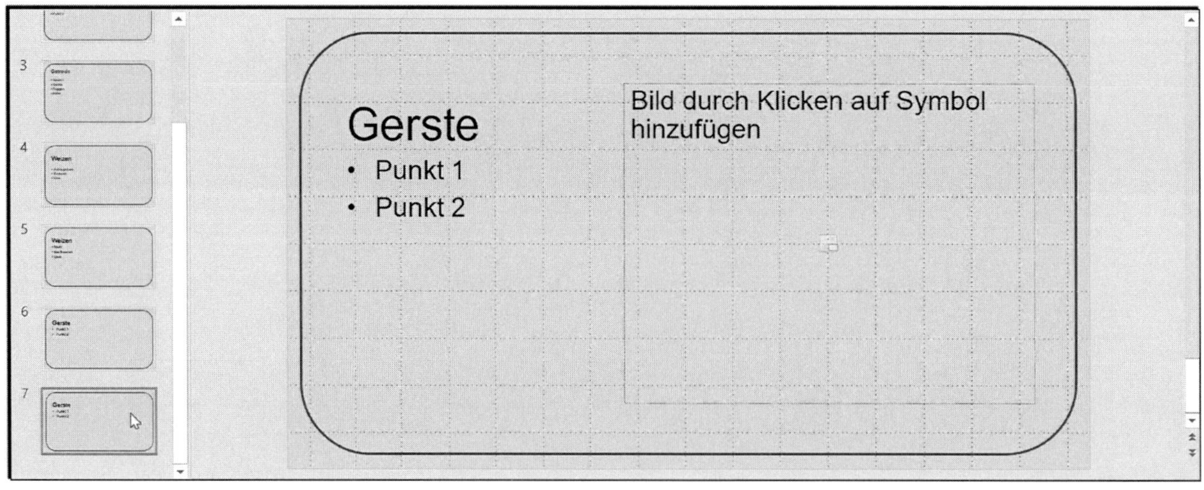

Gestaltung der Folien

Wenn eine Präsentation viele Folien enthält, verliert man schnell die Übersicht. Abhilfe schafft hier, einzelne Kapitel zu einem Abschnitt zusammenzufassen. Wir klicken links in der **Folienübersicht** oberhalb der ersten Folie des neuen Abschnittes in den **Zwischenraum**. Eine **rote Linie** sollte jetzt zu sehen sein.

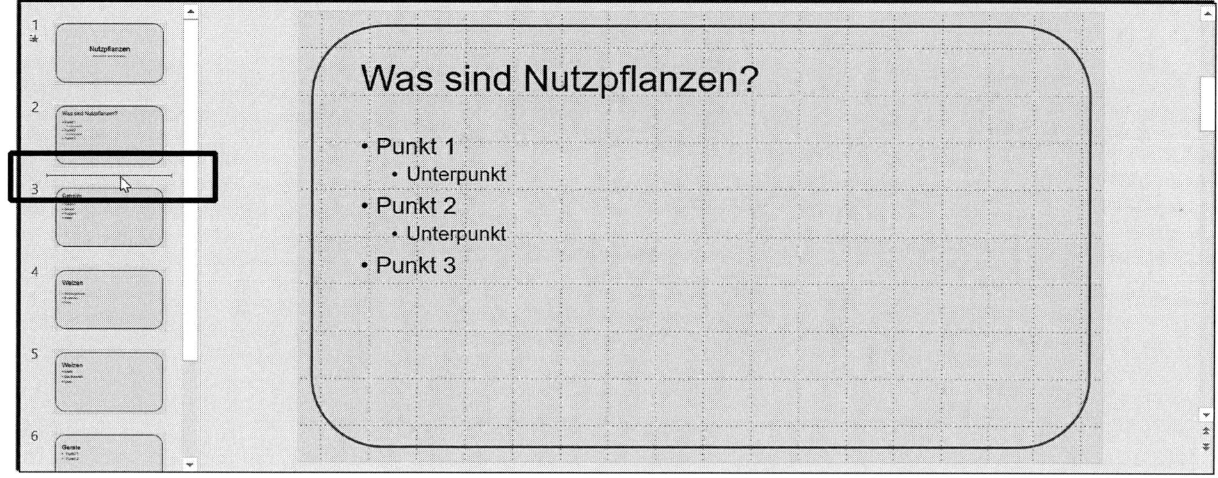

Wir platzieren den Mauszeiger auf die Linie und klicken auf die rechte Maustaste. In dem Kontextmenü wählen wir den letzten Eintrag: **Abschnitt hinzufügen**.

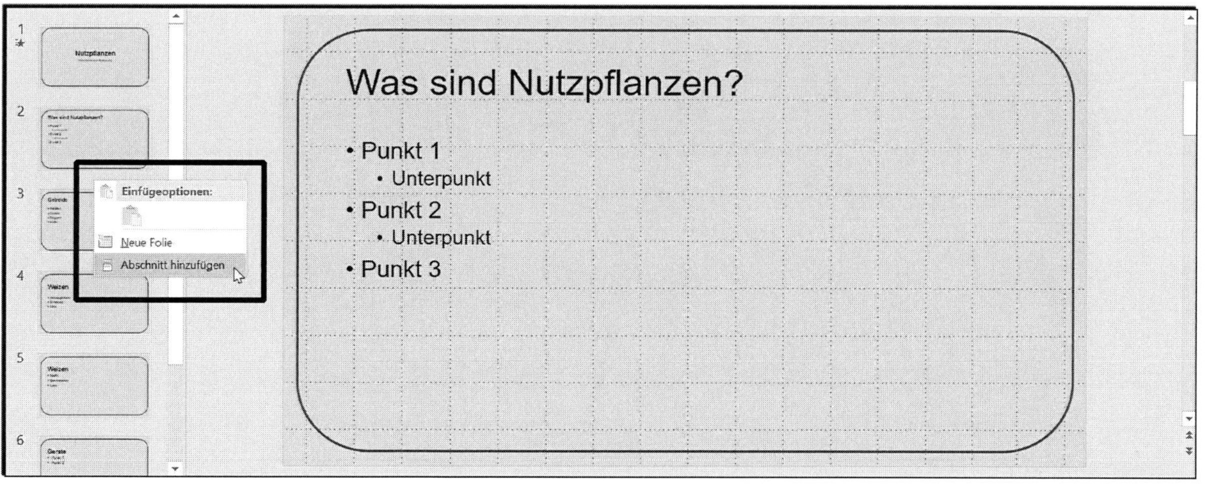

PowerPoint für die Schule
Kopiervorlagen ab dem 8. Schuljahr – Bestell-Nr. 12 244
KOHL VERLAG

Folienübersicht & Abschnittsübersicht

Links wurde schon der neue **Abschnitt** eingefügt. Es fehlt noch die Bezeichnung des Abschnittes, den geben wir in dem kleinen Fenster ein, das mit geöffnet wurde.

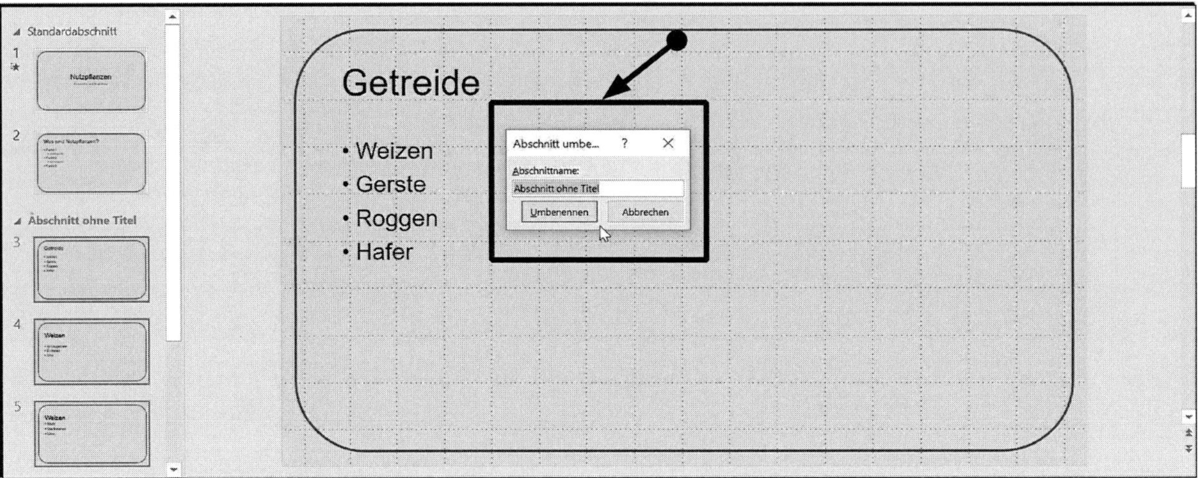

Der Abschnitt befasst sich mit **Getreide**, also nennen wir ihn auch so. Mit einem Klick auf **Umbenennen** bekommt dieser Abschnitt nun seinen Namen.

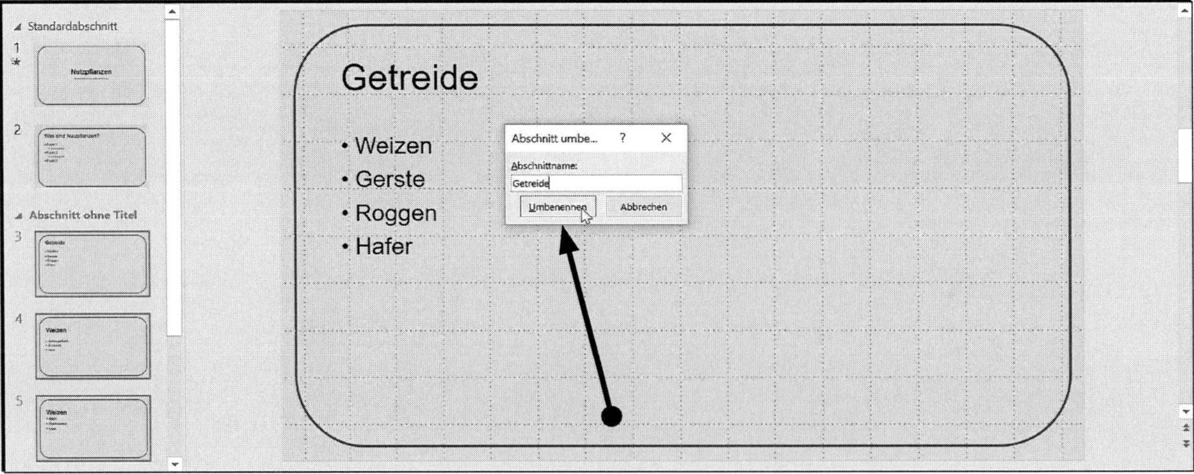

Folienübersicht & Abschnittsübersicht

Links neben dem Abschnittsnamen ist ein kleines **Dreieck** platziert. Wenn wir dieses anklicken, ist nur noch der Abschnittsname, aber nicht mehr die einzelnen Folien zu sehen.

Beim Abschnittsnamen steht eine Zahl in Klammern, die gibt an, wie viele Folien der Abschnitt umfasst. Wir können die Folien mit einem weiteren Klick auf das Dreieck wieder aufrufen.

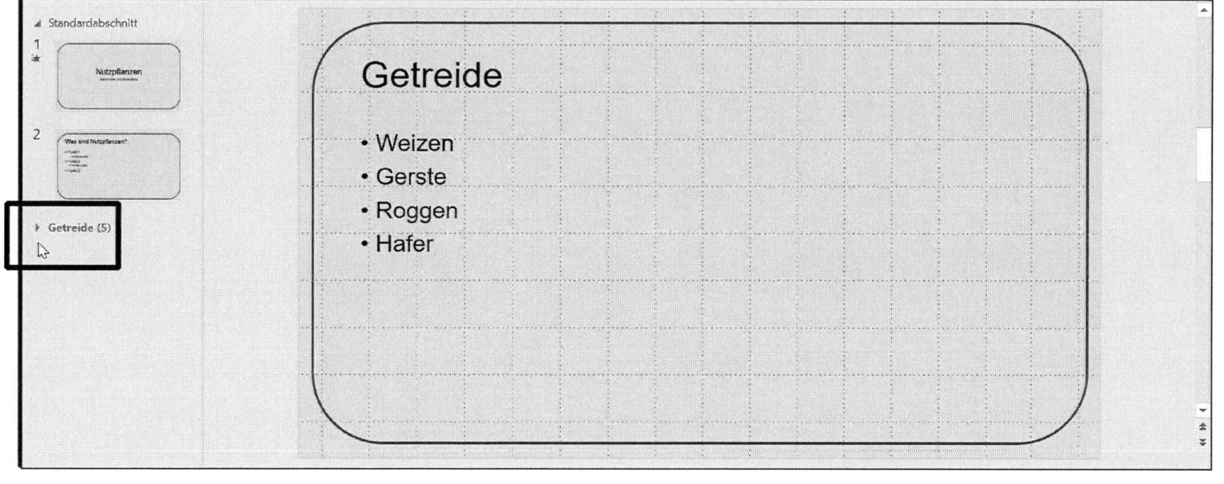

KOHL VERLAG PowerPoint für die Schule
Kopiervorlagen ab dem 8. Schuljahr – Bestell-Nr. 12 244

Folienübersicht & Abschnittsübersicht

Wir haben beim Getreide als erste Folie eine mit **Überschrift und Inhalt** gewählt und dort die Übersicht angelegt. Im nächsten Abschnitt soll es um das Gemüse gehen. Als erste Folie für einen neuen Abschnitt gibt es eine spezielle Vorlage, die **Abschnittsüberschrift**.

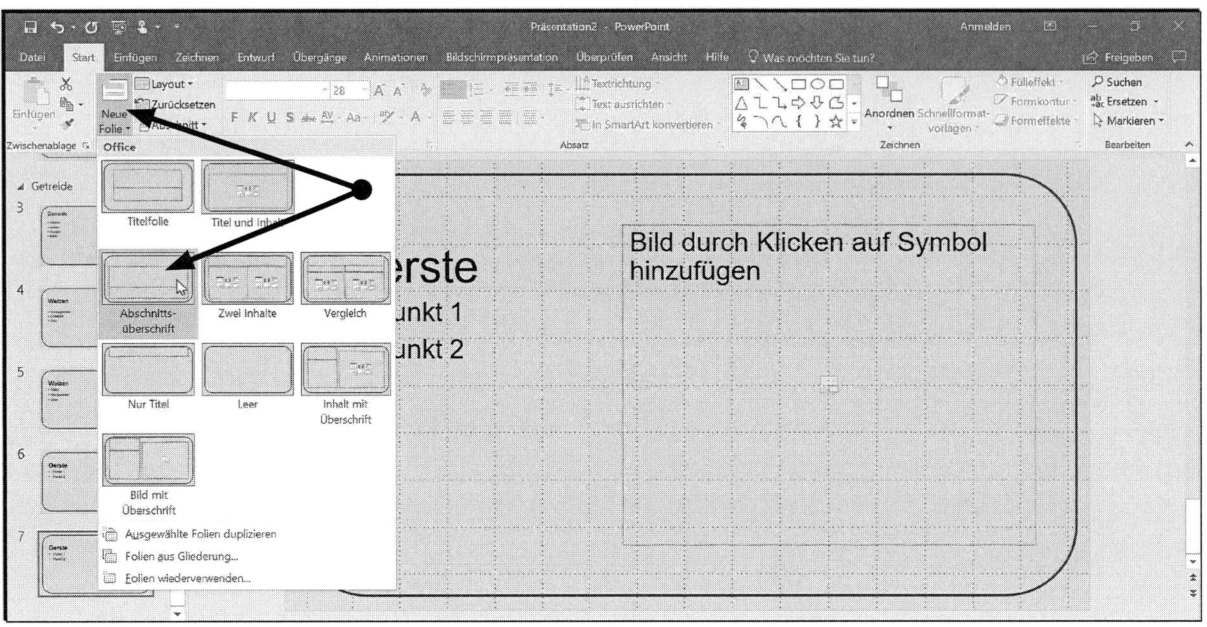

Als Übergang gut geeignet, wird hiermit der Zuhörer visuell auf den neuen Abschnitt vorbereitet. Immer dran denken, der Redner vermittelt den eigentlichen Inhalt!

Abschnittsüberschrift

Als Titel tragen wir hier natürlich **Gemüse** ein. Im unteren Textfeld eine kleine Ergänzung: **Wichtiger Nahrungsbestandteil**.

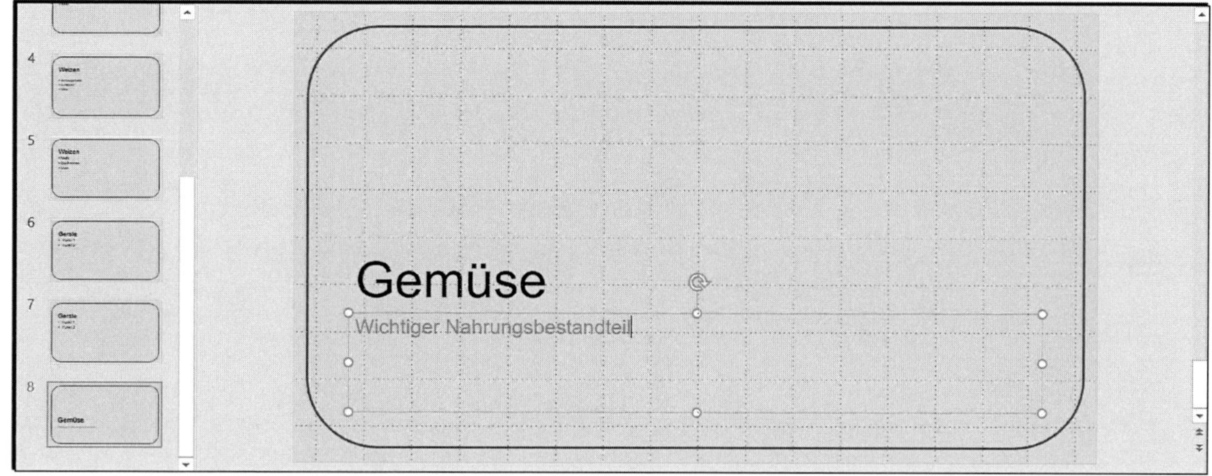

Bevor wir weitermachen, erstellen wir gleich einen neuen **Abschnitt**, genauso wie wir das beim **Getreide** gemacht haben.

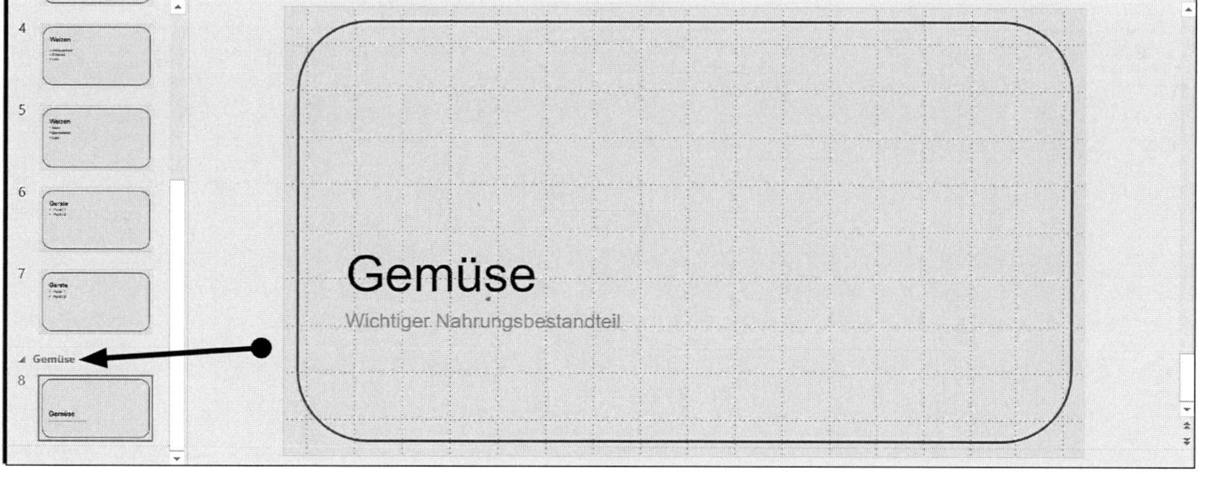

KOHL VERLAG
PowerPoint für die Schule
Kopiervorlagen ab dem 8. Schuljahr – Bestell-Nr. 12 244

Abschnittsüberschrift

Jetzt scrollen wir in der Folienansicht bis zum **Getreide** und klicken auf das kleine Dreieck.

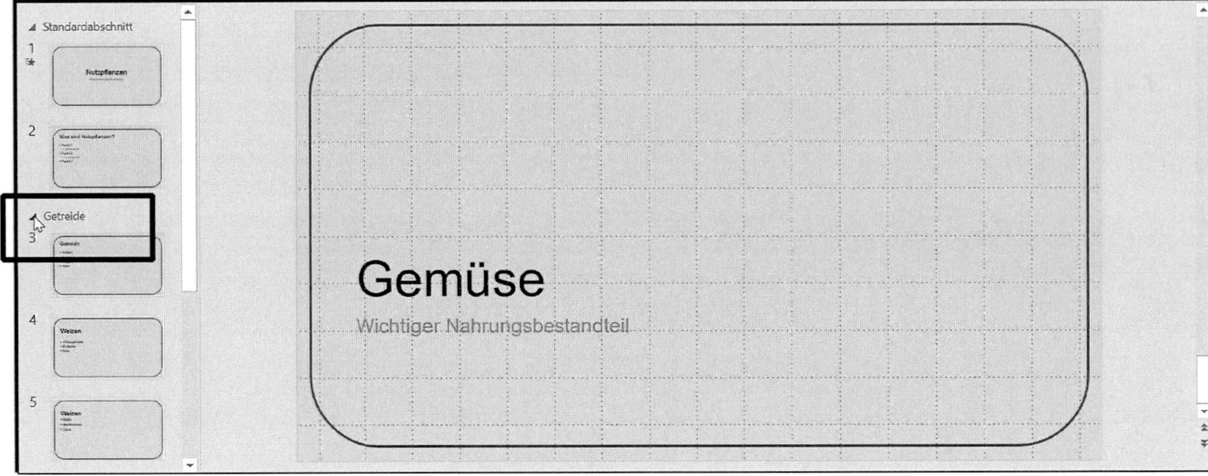

Die Folien aus dem Abschnitt **Getreide** sind jetzt in der Übersicht zusammengefasst. Angenommen, die Präsentation enthält 10 Abschnitte mit jeweils 8 Folien, wäre es schon mühevoll, eine bestimmte Folie zu suchen. Mit der **Abschnittsübersicht** können wir dann schnell in den jeweiligen Abschnitt wechseln und die gesuchte Folie mit viel weniger Zeitaufwand finden.

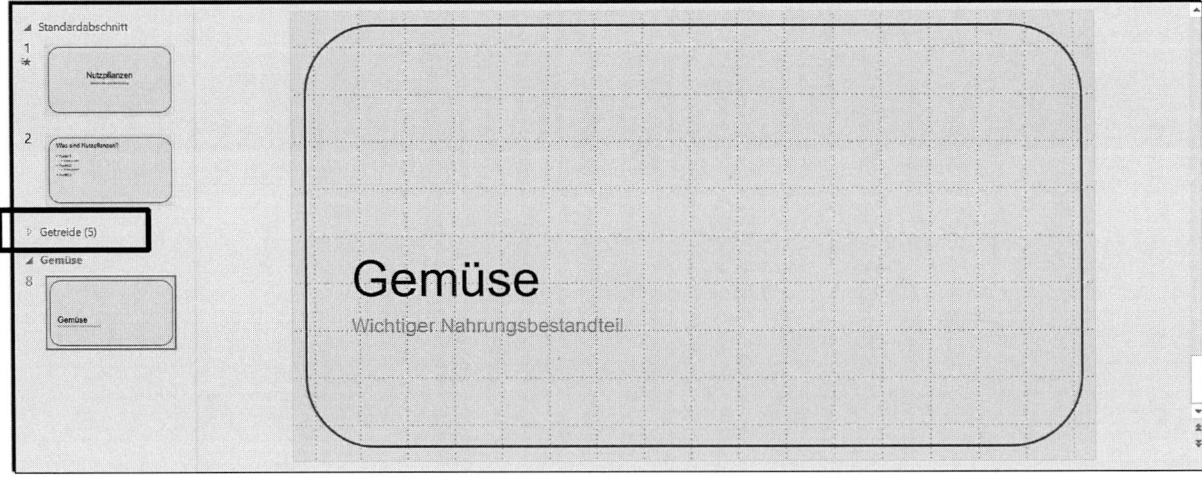

Diagramme sind bei Präsentationen eine gute Wahl, um Vergleiche von Werten oder Zahlenreihen darzustellen. Sie werden vom Zuhörer viel besser verstanden, als eine Tabelle mit Zahlen. Für diese Übung öffnen wir ein **Neues Dokument** und wandeln die Titelfolie gleich in eine mit **Titel und Inhalt** um. Dazu gibt es in der Registerkarte **Start** den Button **Layout**.

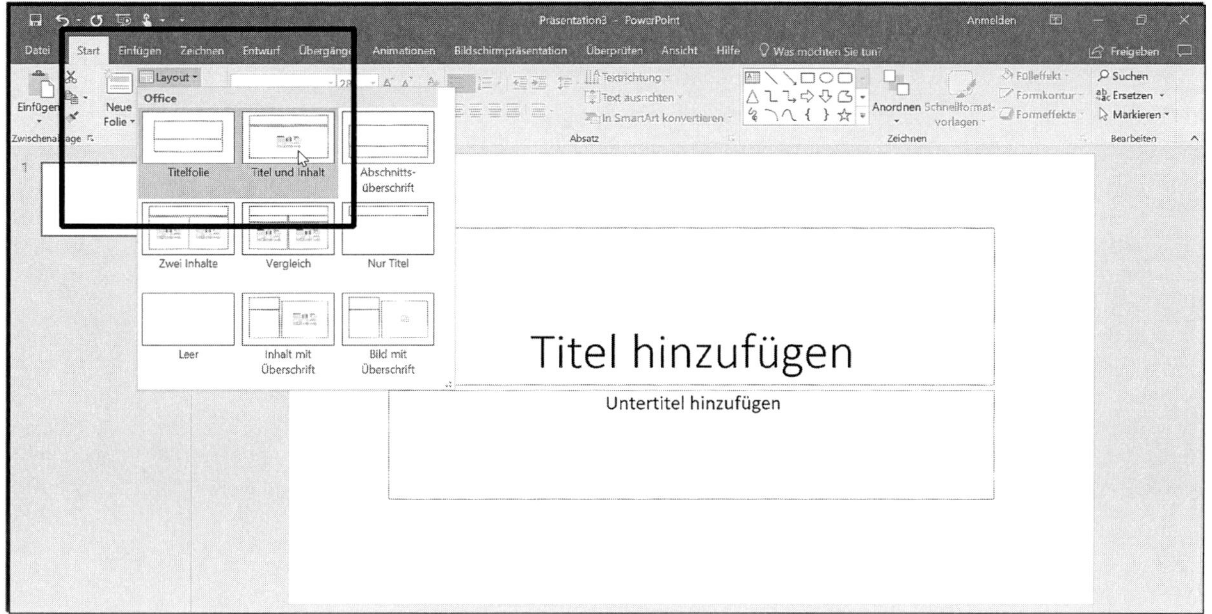

Im unteren Feld sind in der Mitte **kleine Symbole** zu sehen. Mit diesen können wir ganz schnell verschiedene Inhalte einfügen, so auch **Diagramme**. Dieses Symbol anklicken.

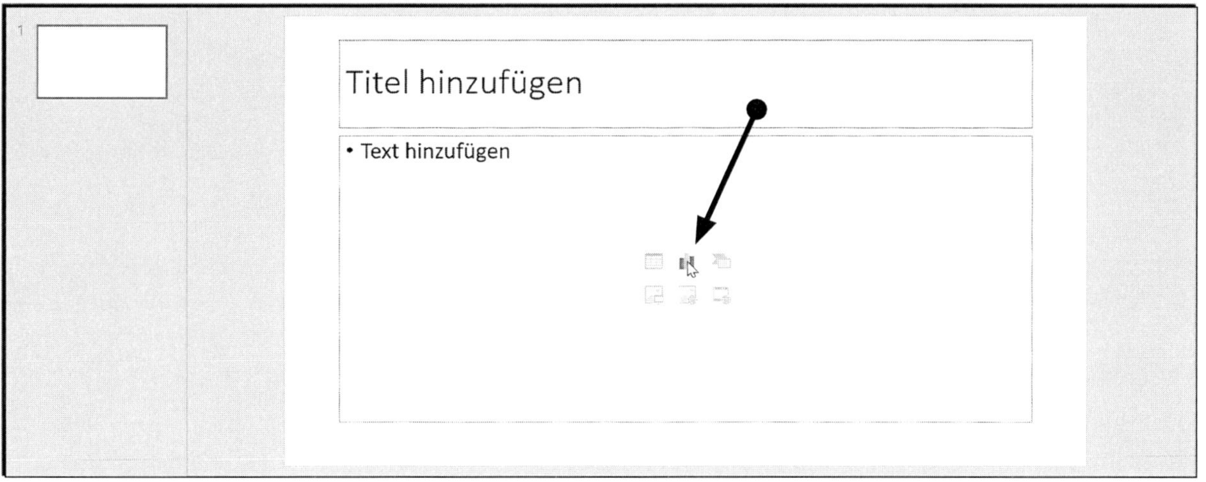

Diagramme

Es öffnet sich ein Dialogfenster. Diagramme lassen sich auf vielfältige Art und Weise darstellen. Säulendiagramme sind gut, um Entwicklungen von z. B. Umsätzen oder Vergleichszahlen einzelner Filialen o. ä. darzustellen.

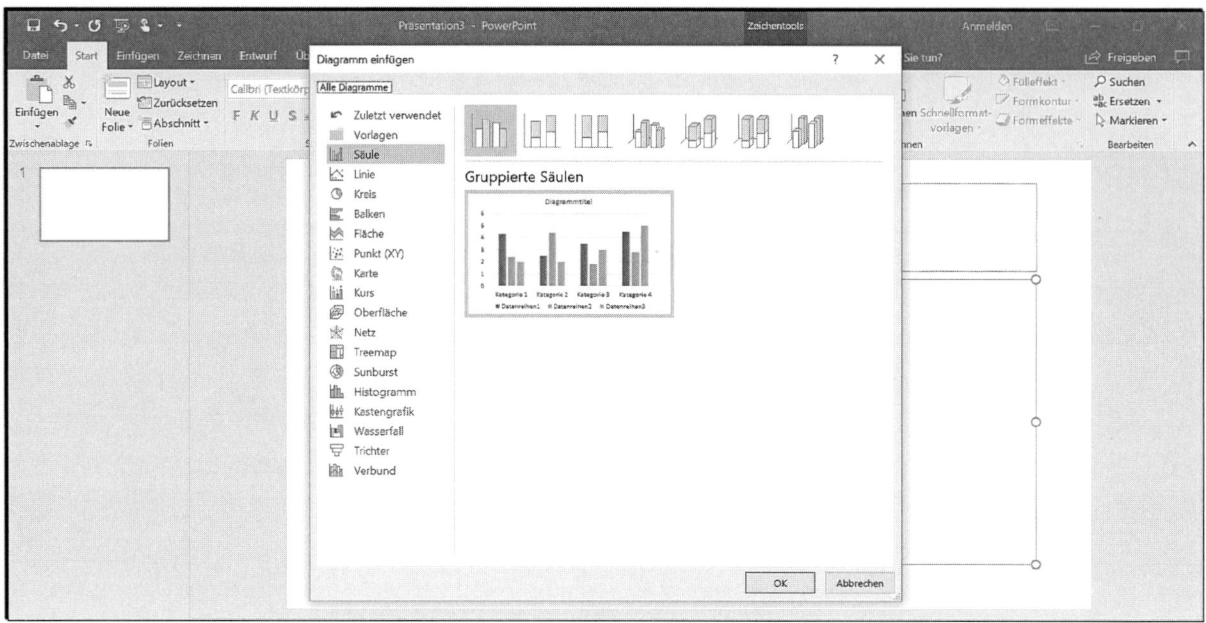

In unserem Fall ist ein **Kreisdiagramm** besser, es soll ja der Anteil der einzelnen Getreidesorten an der Gesamternte dargestellt werden.

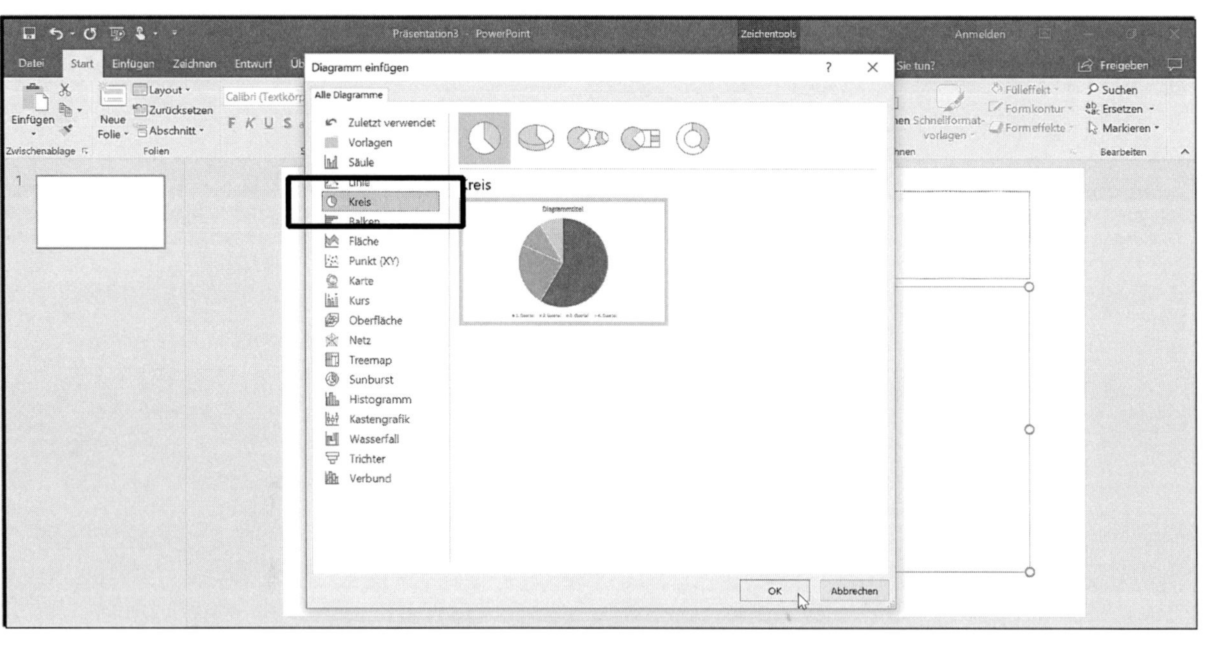

Diagramme

Mit dem Kreisdiagramm wird eine kleine **Exceltabelle** geöffnet, in die wir Daten für unser Diagramm eintragen können.

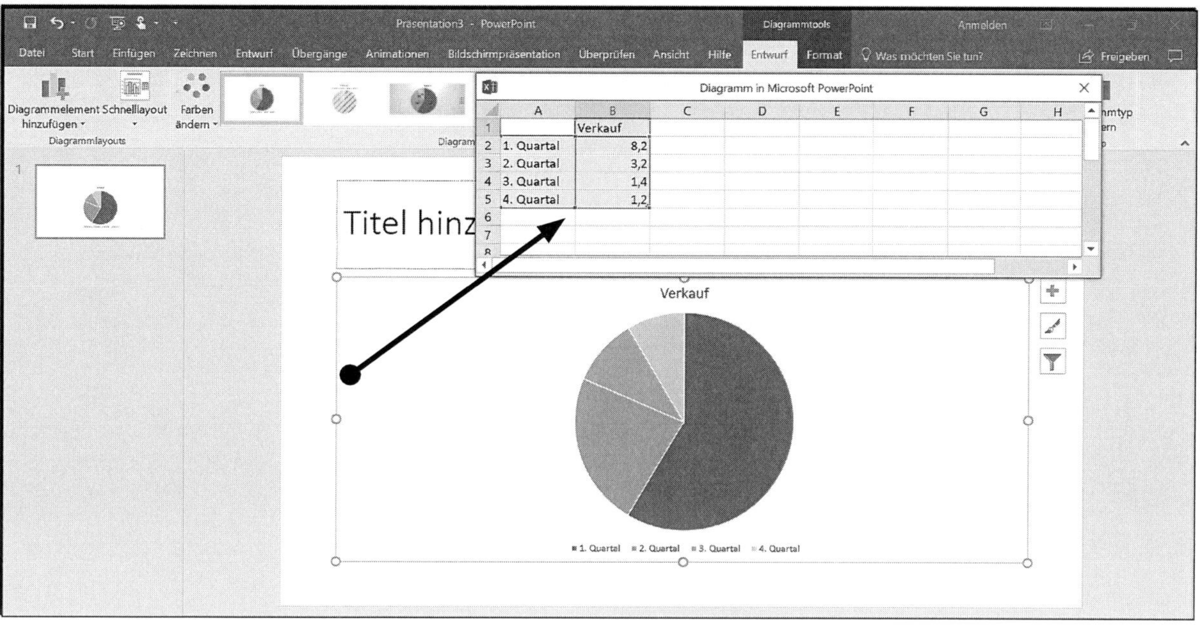

Wir können gleich die geöffnete Mustertabelle verwenden, tragen vorn die vier Getreidesorten (**Weizen, Gerste, Roggen, Hafer**) ein. Die Zahlen (**580000, 270000, 100000, 50000**) in der zweiten Spalte sind frei erfunden. Als Titel schreiben wir **Ernte** ein.

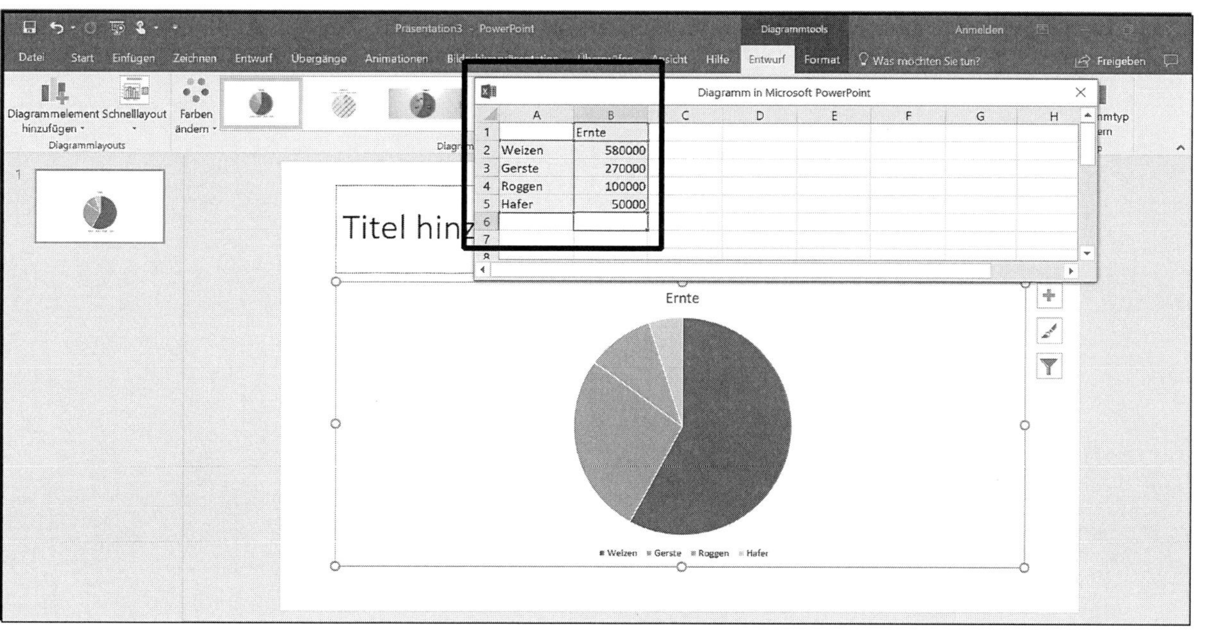

PowerPoint für die Schule
Kopiervorlagen ab dem 8. Schuljahr – Bestell-Nr. 12 244
KOHL VERLAG

Das Kreisdiagramm wurde gleich während der Eingabe aktualisiert. Wenn wir fertig sind, **Schließen** wir einfach das Fenster mit der Tabelle.

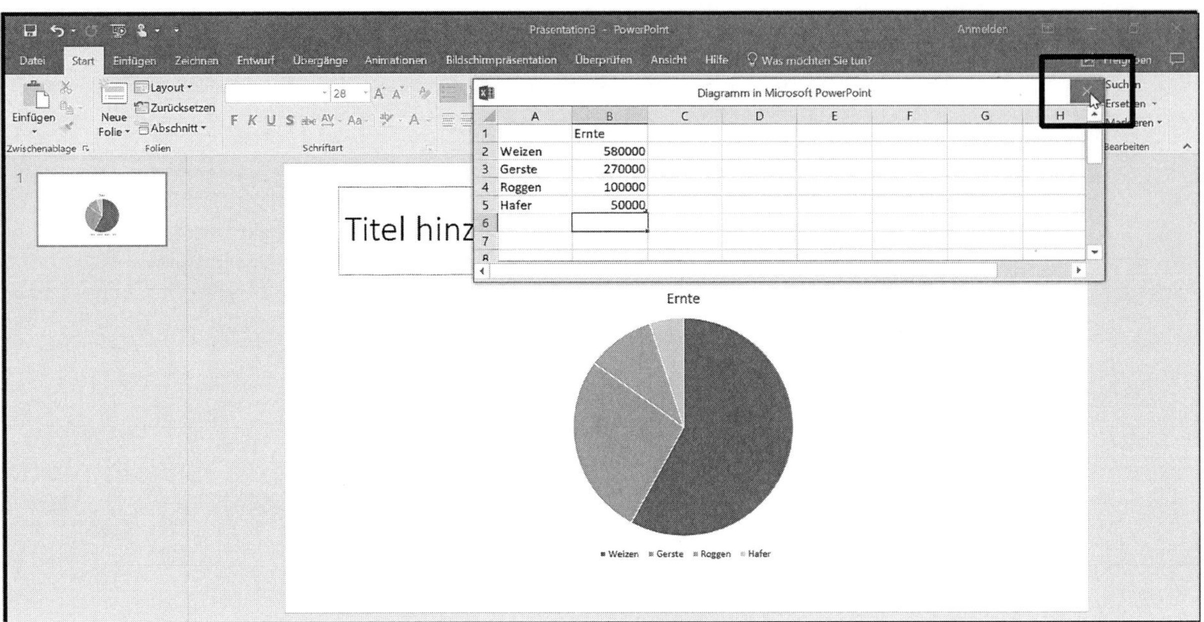

Rechts neben dem Feld mit dem Diagramm sind **drei Buttons** angeordnet. Damit können wir Untermenüs öffnen und das Design ändern. Mit dem Button **Pinsel** ist es möglich, das Diagramm in der Farbgestaltung anzupassen. In dem Menüfenster rufen wir mit **Formatvorlage** verschiedene vorgefertigte Designs auf.

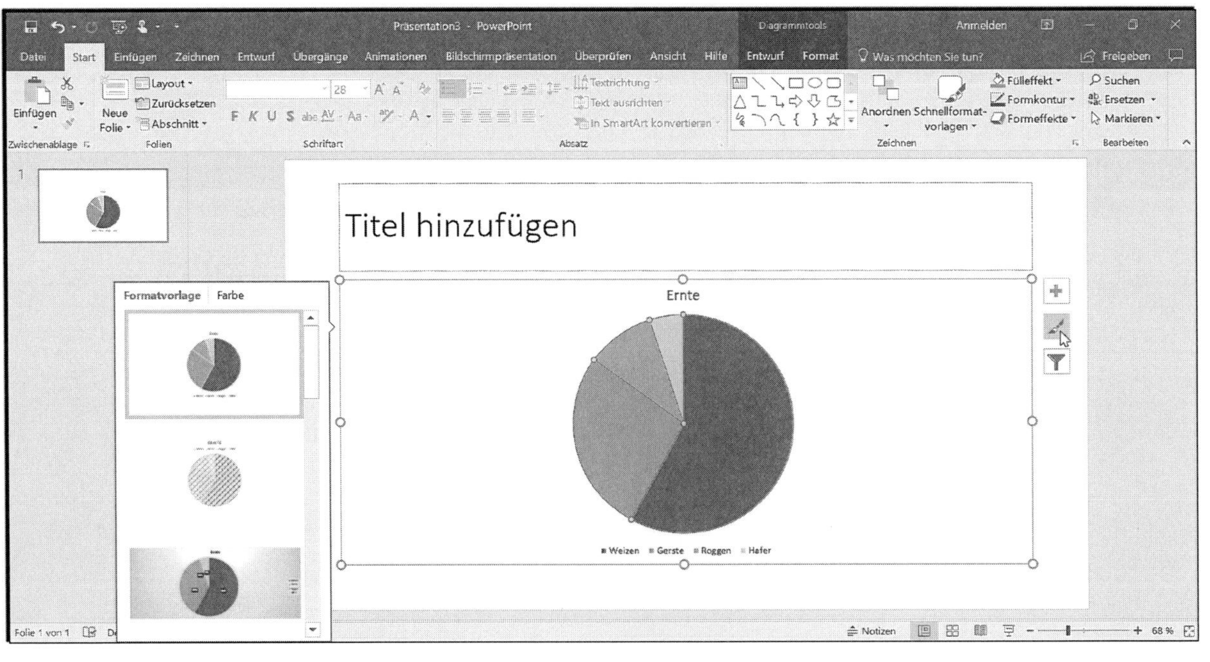

Hier ist zum Beispiel eines mit dunklem Hintergrund.

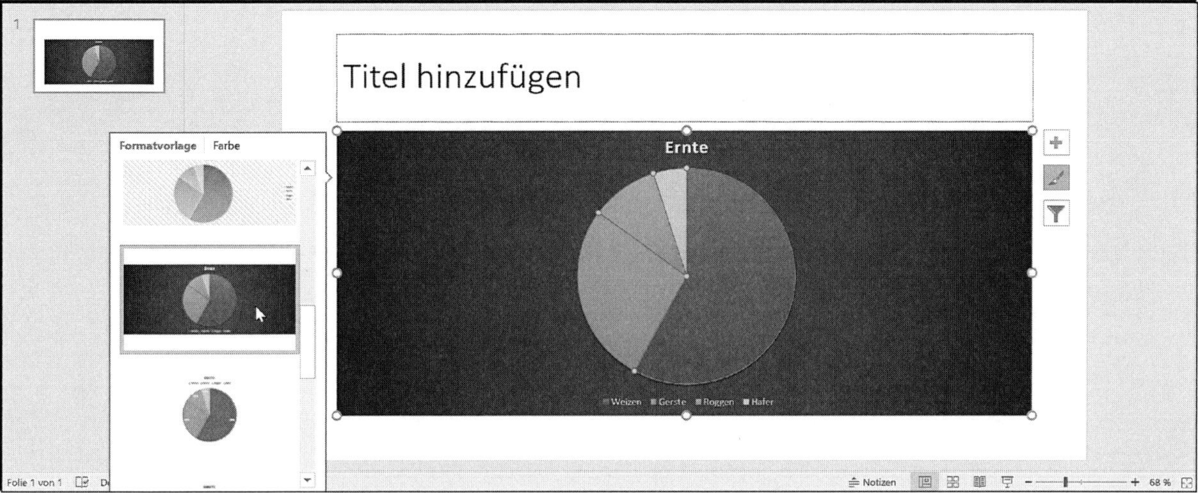

In der Liste **Farbe** sind Vorschläge zum Umfärben der Kreissegmente, z. B. ganz bunt, wie hier unten zu sehen.

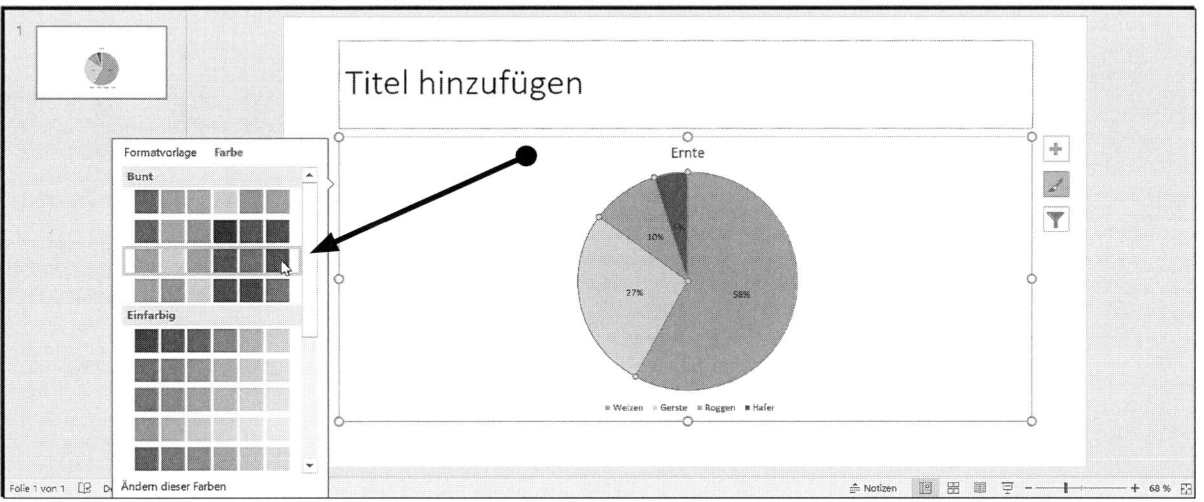

PowerPoint für die Schule
Kopiervorlagen ab dem 8. Schuljahr – Bestell-Nr. 12 244
KOHL VERLAG

Diagramme

Oder in **Einfarbig** mit verschiedenen Helligkeitsabstufungen.

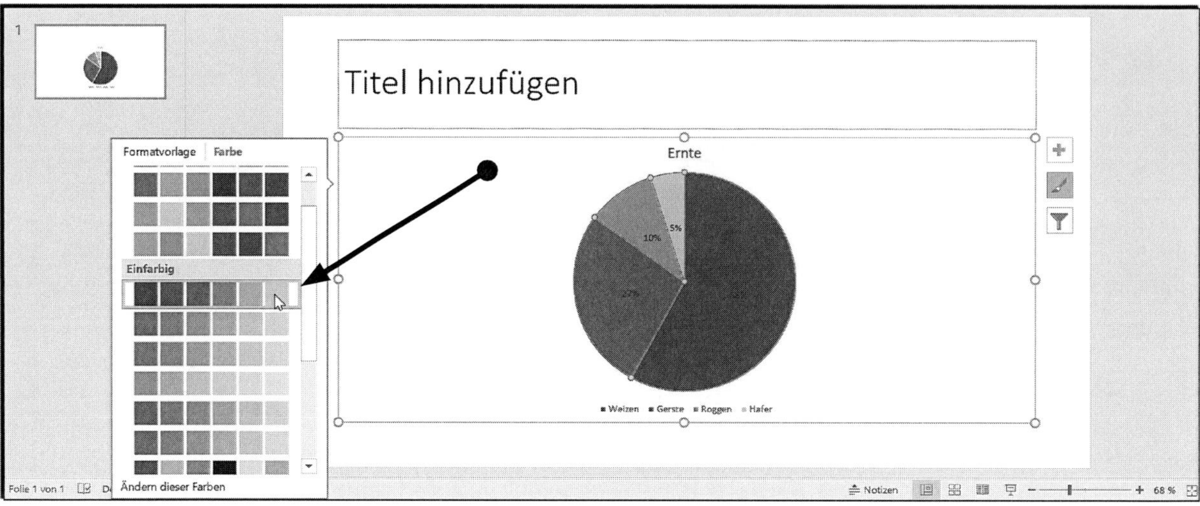

Mit einem Klick auf das **grüne Kreuz** rufen wir das Menü **Diagrammelemente** für den Text im Feld auf. Ändern können wir hier die Überschrift, die Bezeichnungen der Segmente und die Aufführung der einzelnen Positionen.

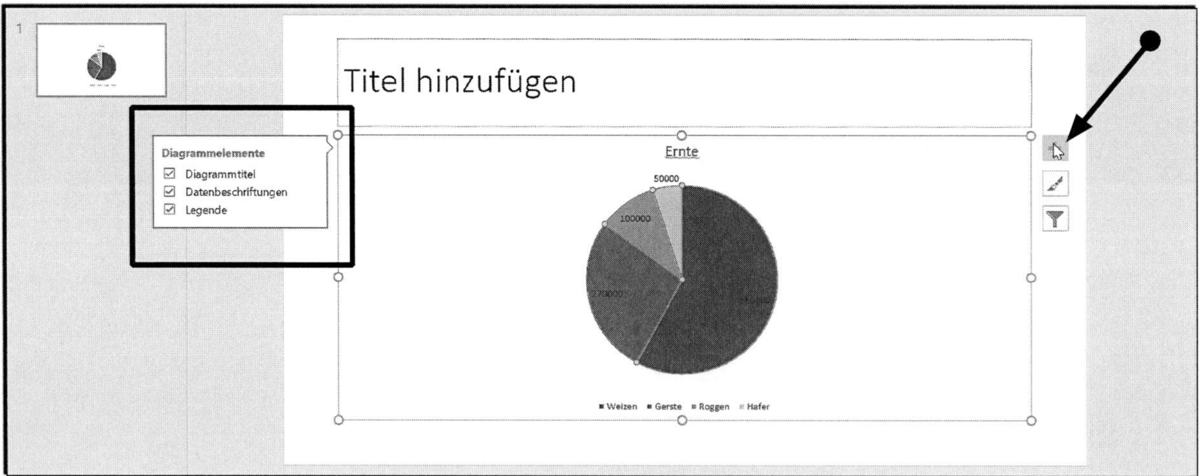

Diagramme

Fangen wir mit dem **Diagrammtitel** an. Wenn wir den Mauszeiger auf den Eintrag platzieren, sollte rechts daneben ein kleines **Dreieck** erscheinen, dieses anklicken.

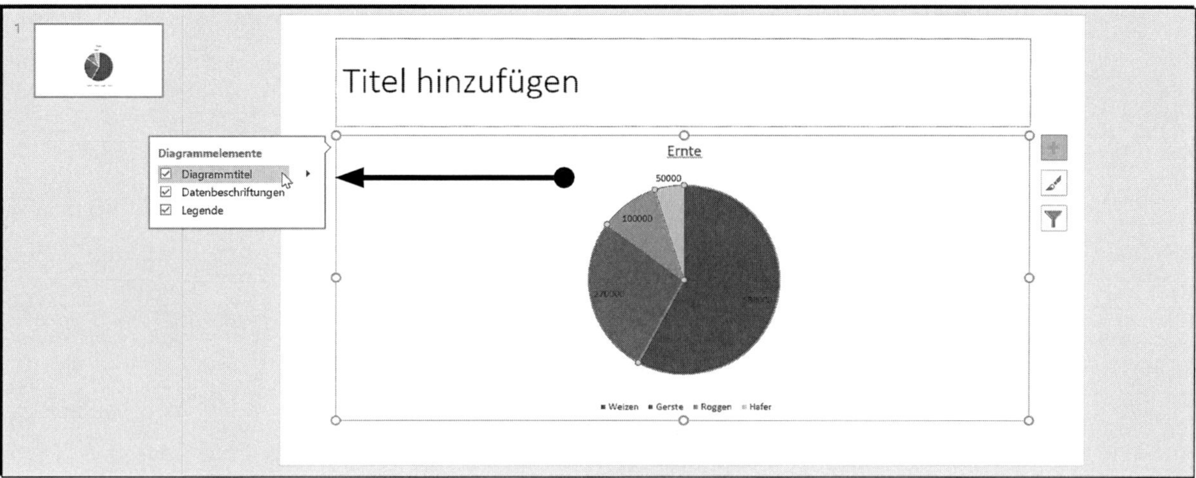

Ein weiteres Menüfenster öffnet sich, hier ist eingestellt, das der Diagrammtitel **Über** dem **Diagramm** steht. Wir könnten das auch ändern, sodass der Titel quer über dem Diagramm platziert ist. Unter **Weitere Optionen...** könnten wir z. B. den Hintergrund des Textfeldes mit dem Titel einfärben oder auch die Textfüllung oder Textkontur andersfarbig anlegen. Für unser Beispiel ändern wir nichts.

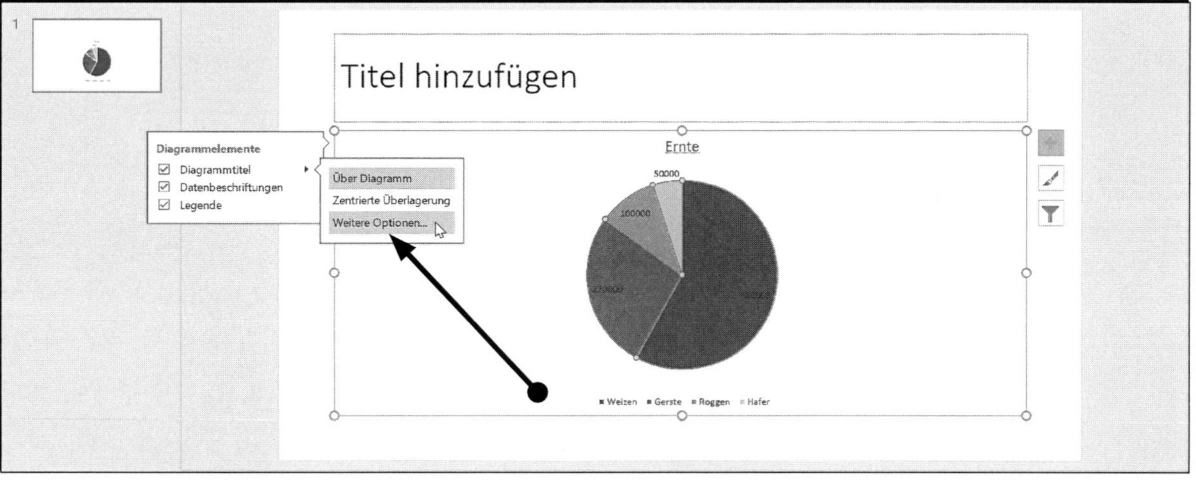

PowerPoint für die Schule
Kopiervorlagen ab dem 8. Schuljahr – Bestell-Nr. 12 244
KOHL VERLAG

Diagramme

Was wir aber noch einstellen müssen, ist die Schriftgröße. Wir platzieren den Cursor im Wort Ernte und rufen die Registerkarte **Start** auf. Dort stellen wir die Größe auf **40 Pt**. Somit ist der Diagrammtitel deutlich zu sehen.

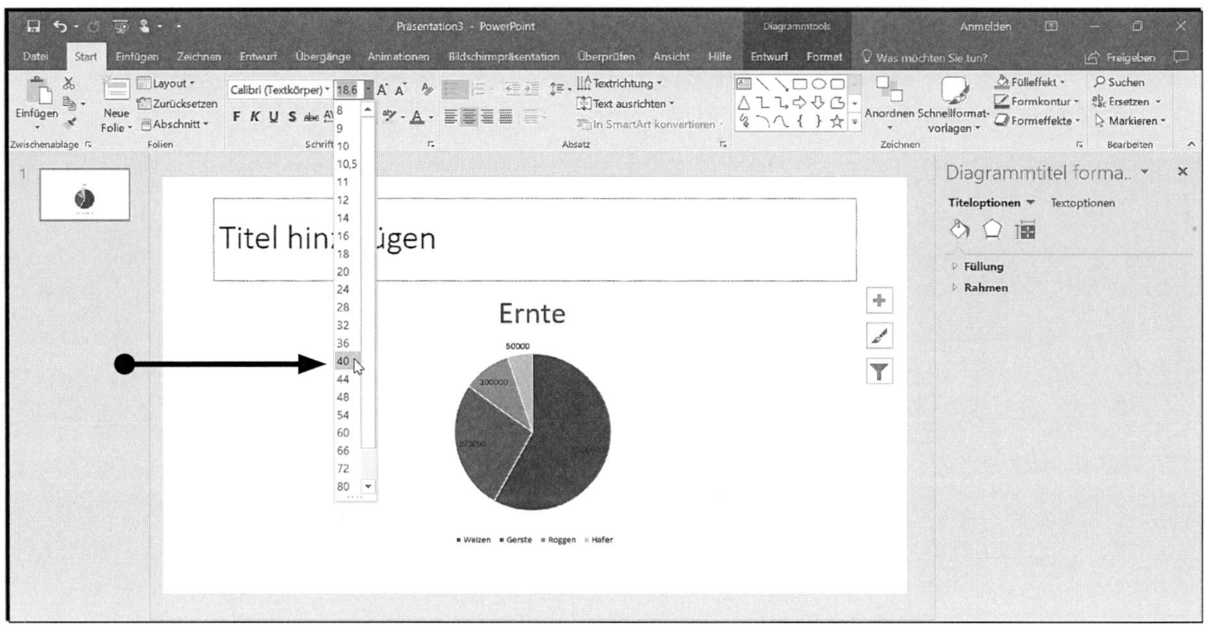

Als nächstes rufen wir das Untermenü **Datenbeschriftung** auf.

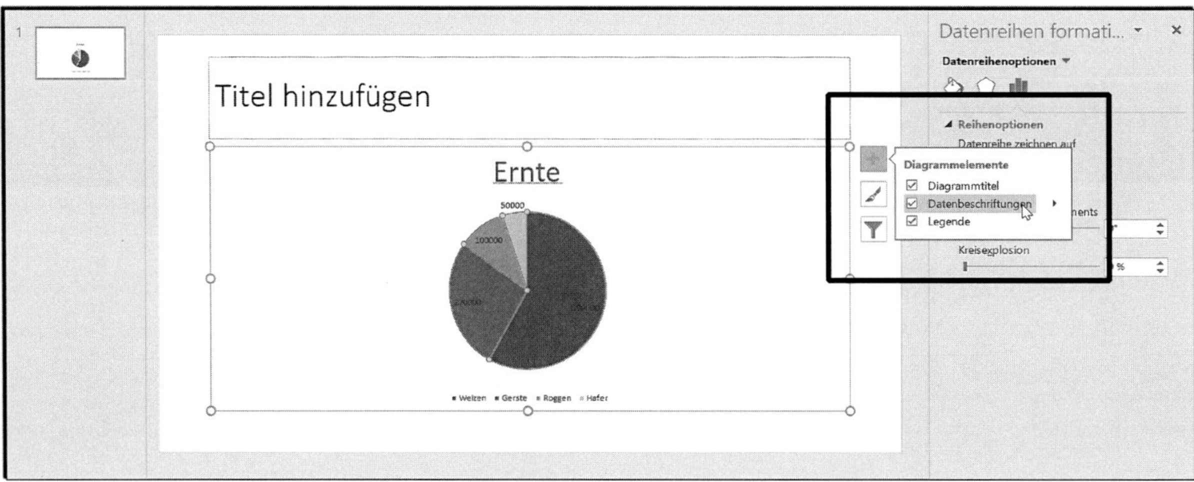

Diagramme

Die **Datenbeschriftung** der einzelnen Segmente kann mit **Datenlegende** verschieden angeordnet werden. Statt innen könnten wir diese auch außerhalb platzieren. Vorerst nehmen wir hier noch keine Änderungen vor.

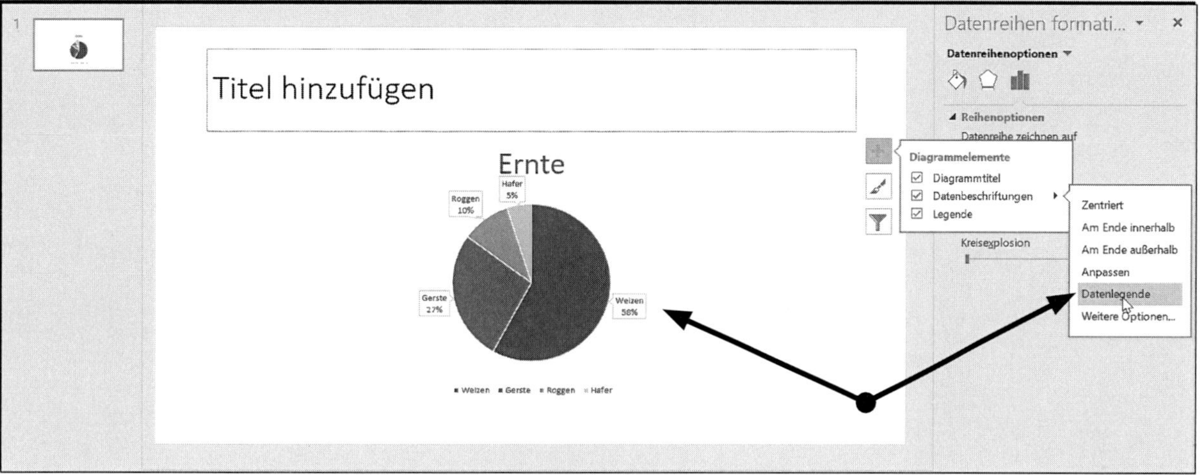

Als drittes rufen wir das Menü für die **Legende** auf. Momentan ist **Unten** markiert, wir ändern das jetzt auf **Rechts**.

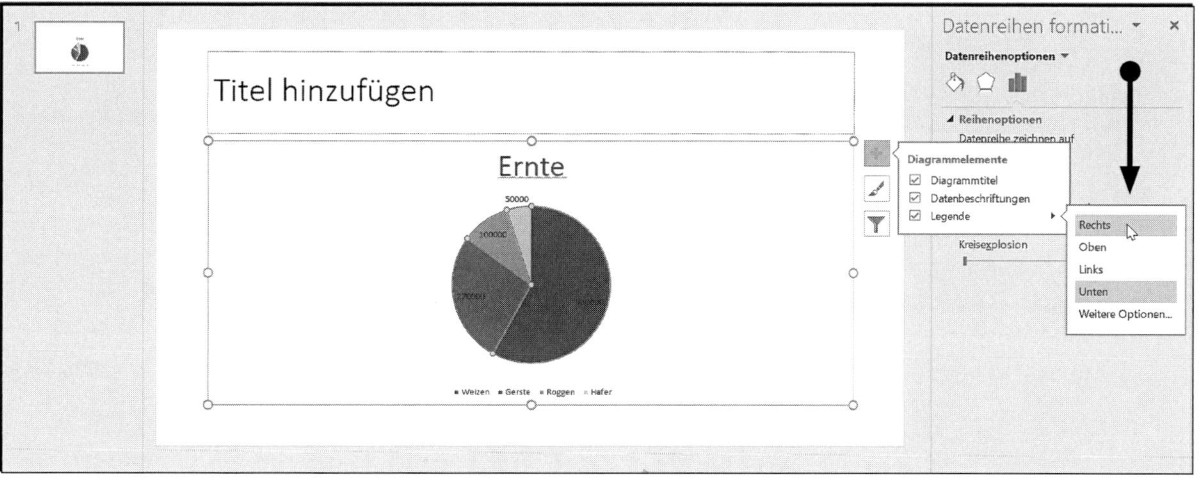

Diagramme

Die **Legende** wird auf den rechten Rand des Textfeldes verschoben. Gleichzeitig öffnet sich rechts neben dem Arbeitsbereich ein Menüfenster, **Legende formatieren**, in dem wir weitere Änderungen vornehmen können.

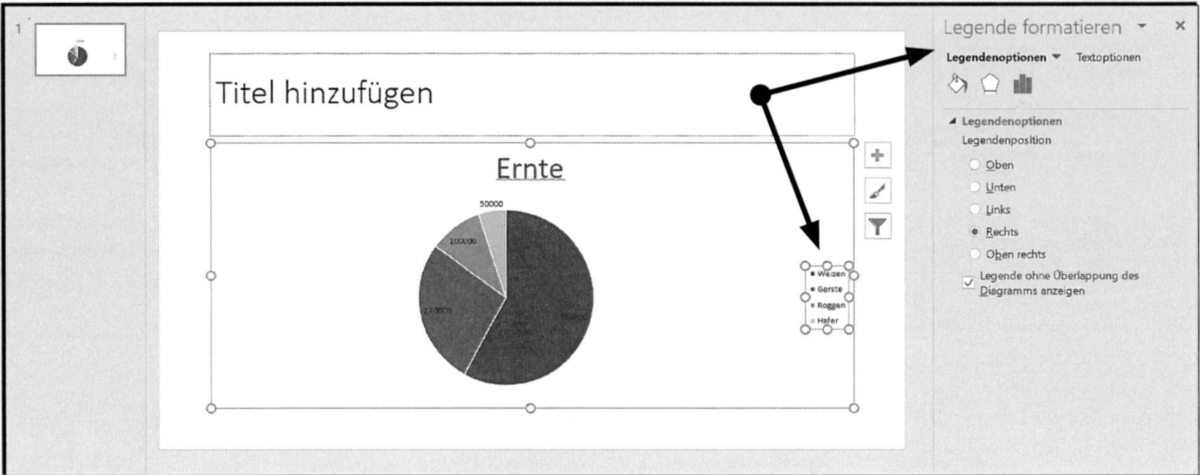

Die Schriftgröße ist hier auch viel zu klein, deshalb stellen wir diese wie schon beschrieben auf z. B. **28 Pt**. um.

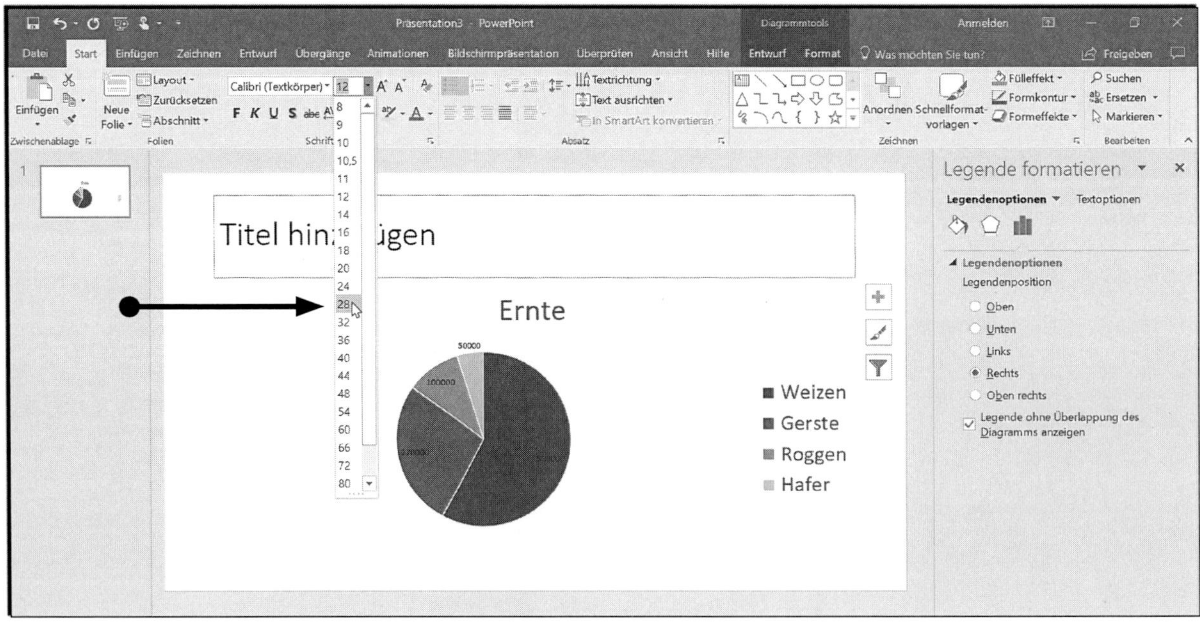

Diagramme

Jetzt füllen wir das Textfeld der Legende mit einer Hintergrundfarbe. Ich habe hier bei **Farbe** einen mittleren **Blauton** gewählt und die **Transparenz (49 %)** heruntergesetzt, damit der Text noch deutlich zu sehen ist.

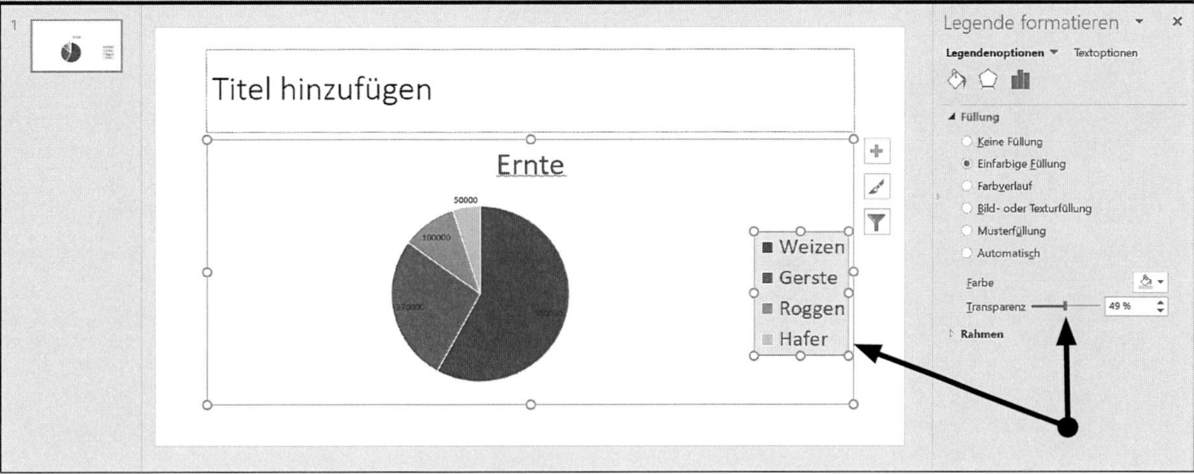

Damit wir sehen, was alles möglich ist, ändern wir die Anordnung der einzelnen Textfelder. Das Textfeld mit dem **Diagrammtitel** wurde ja vom Programm oben mittig angeordnet. Wir verschieben es aber zur **linken oberen Ecke**.

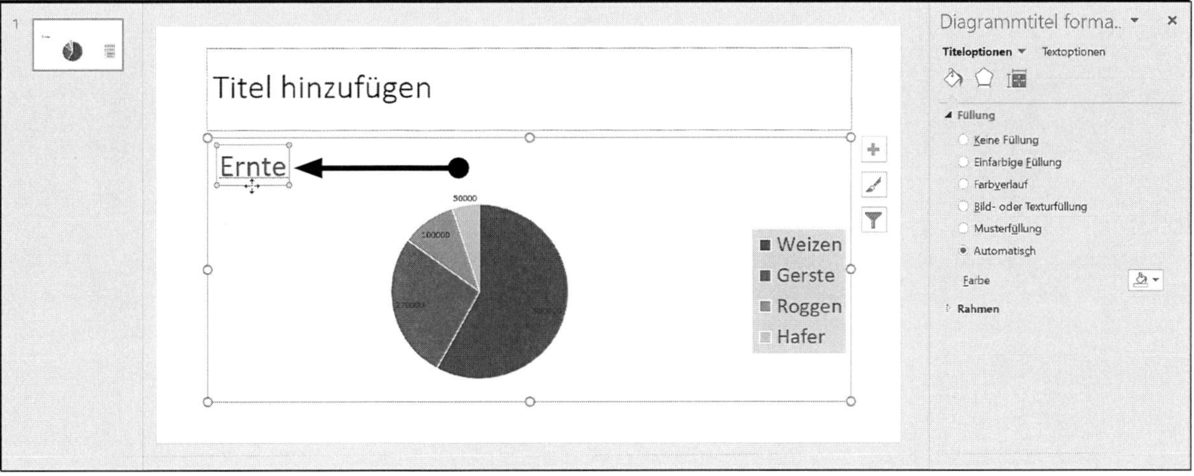

PowerPoint für die Schule
Kopiervorlagen ab dem 8. Schuljahr – Bestell-Nr. 12 244
KOHL VERLAG

Diagramme

Auch die **Legende** verschieben wir nach **links**.

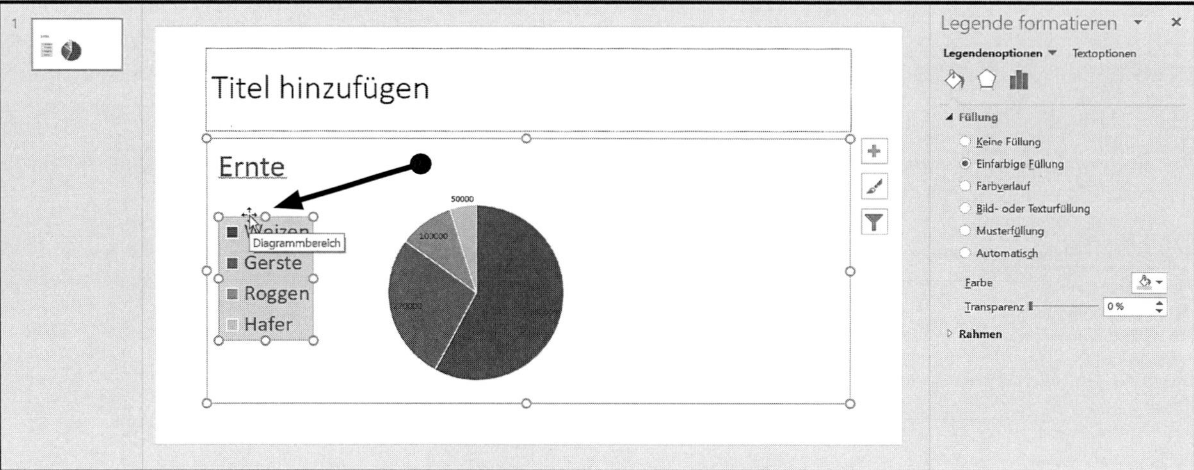

Warum haben wir das gemacht? Ganz einfach, wir wollen das Kreisdiagramm größer ziehen und brauchen dafür etwas mehr Platz. Wir müssen den Mauszeiger solange am Rand des Diagramms entlangführen, bis ein Kreuz erscheint. Jetzt ein Linksklick mit der Maustaste.

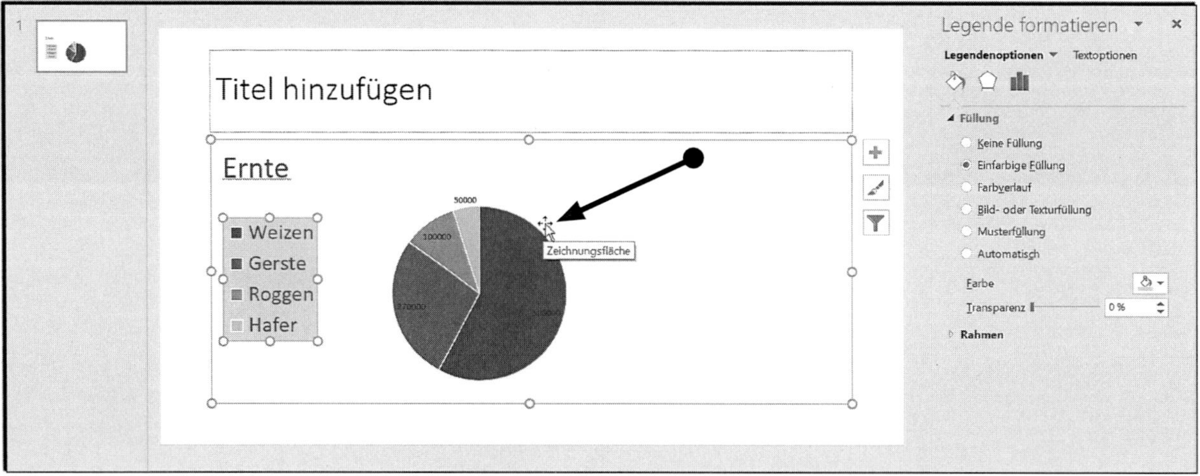

KOHL VERLAG PowerPoint für die Schule – Kopiervorlagen ab dem 8. Schuljahr – Bestell-Nr. 12 244

Diagramme

Damit wird nun der Bearbeitungsrahmen des Diagramms angezeigt und wir können es jetzt bearbeiten. An den Eckpunkten ziehen wir es erst mal größer.

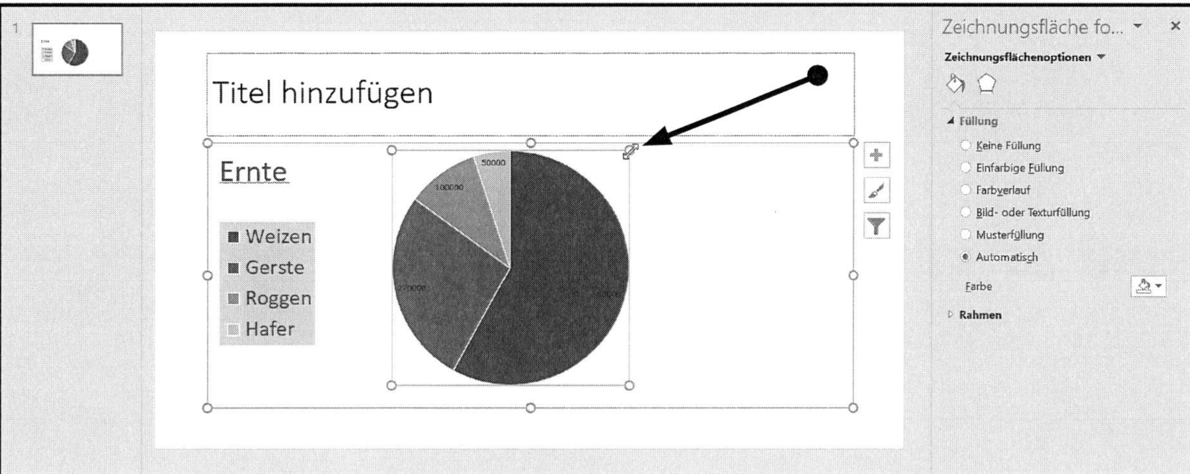

Dann den Mauszeiger auf den Rahmen setzen und das Objekt verschieben, sodass es ungefähr mittig in der freien Fläche platziert ist.

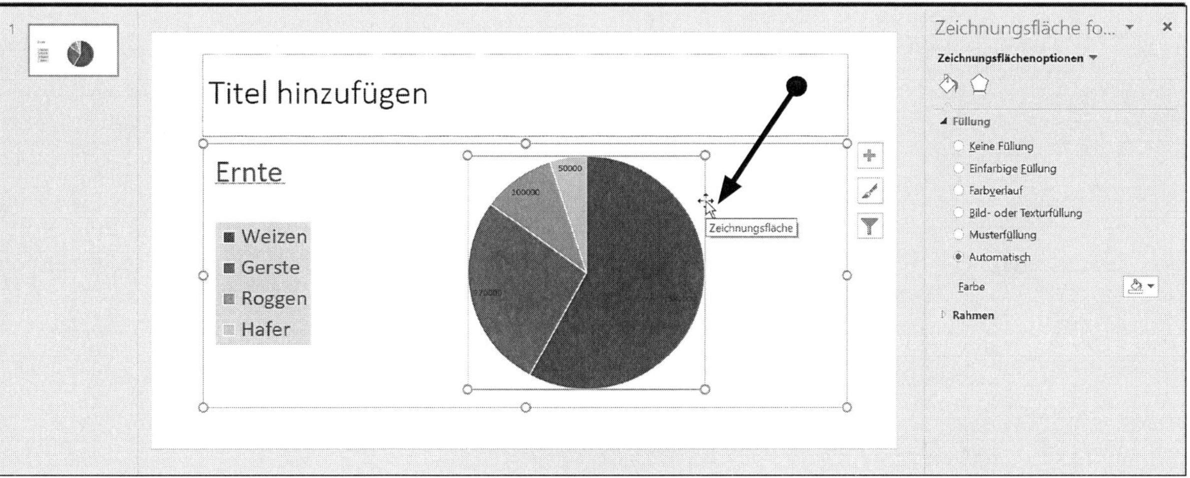

PowerPoint für die Schule
Kopiervorlagen ab dem 8. Schuljahr – Bestell-Nr. 12 244
KOHL VERLAG

Diagramme

Die Datenbeschriftungen sind noch nicht gut zu sehen. Platz ist noch da, also lassen wir sie außerhalb anbringen, dazu in der Liste auf **Datenlegende** klicken.

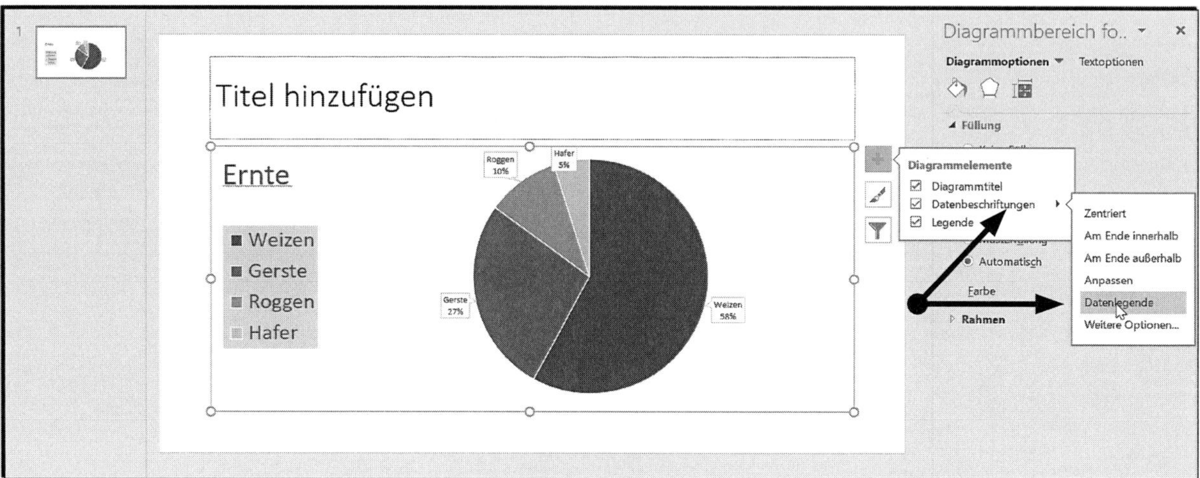

Nun noch gleich die Schrift vergrößern, in unserem Beispiel sind z. B. **28 Pt.** eine gute Wahl. Danach in das obere Textfeld wechseln und **Getreide** eingeben.

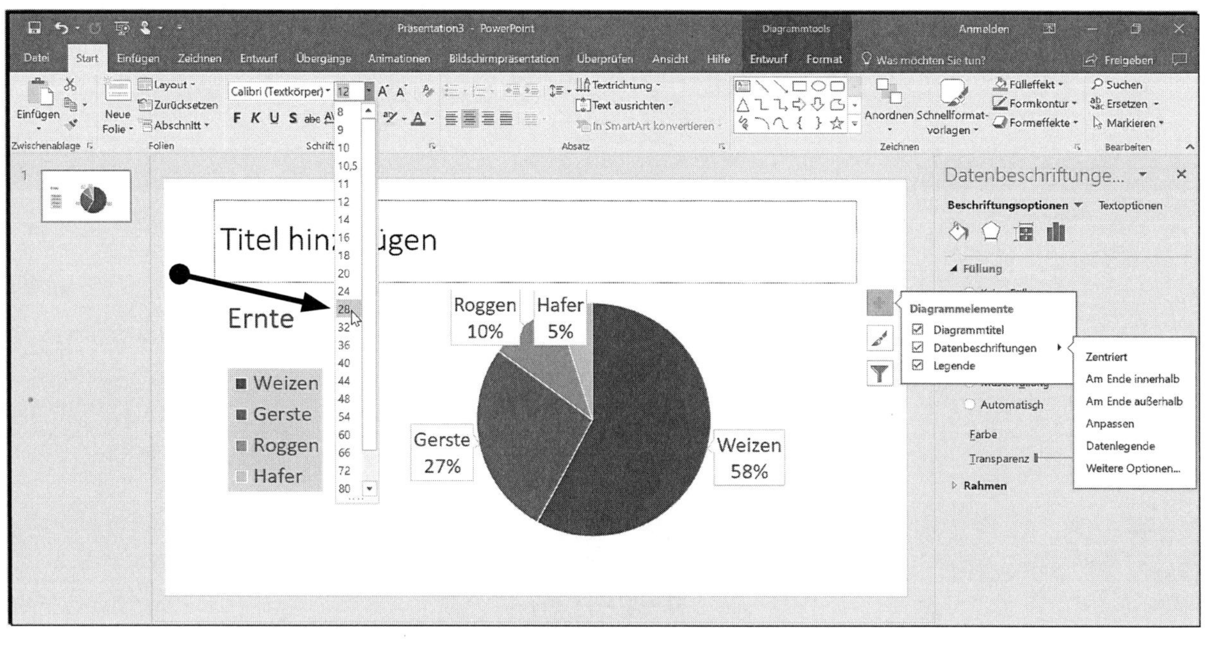

PowerPoint für die Schule
Kopiervorlagen ab dem 8. Schuljahr – Bestell-Nr. 12 244
KOHL VERLAG

Diagramme/Tabellen

So sieht jetzt unsere fertige Folie aus. Damit kann der Zuhörer visuell erfassen, was gerade referiert wird und sich dies auch bildlich vorstellen.

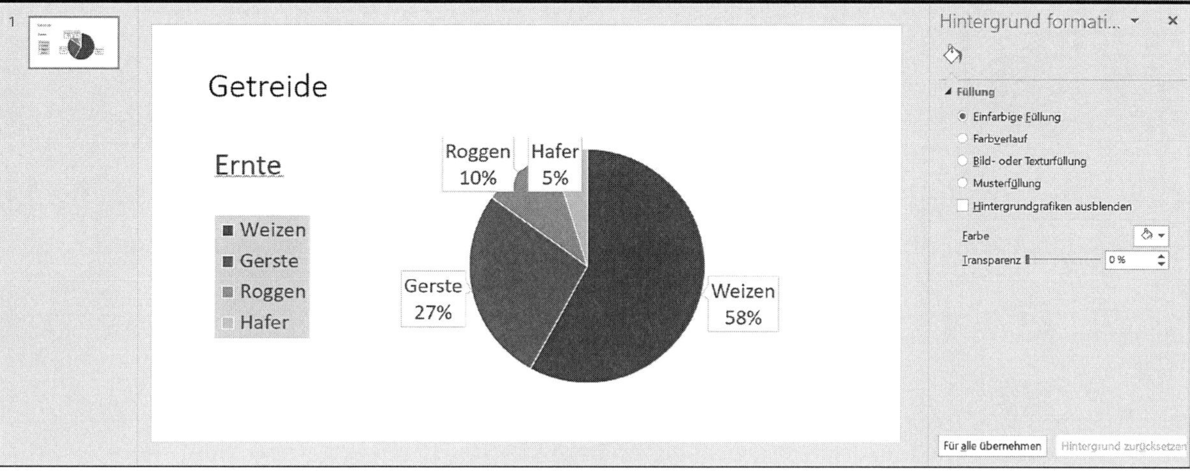

Tabellen sind auch eine gute Möglichkeit, Stichpunkte darzustellen. Pro Folie sollten aber nicht mehr als drei bis vier Zeilen angeordnet sein, sonst wird es unübersichtlich und ist schwer zu erfassen. Für diese Übung fügen wir eine **Neue Leere Folie** ein. In der Registerkarte **Einfügen** klicken wir auf den Button **Tabelle** und ziehen eine Tabelle mit **vier Zeilen** und **drei Spalten** auf.

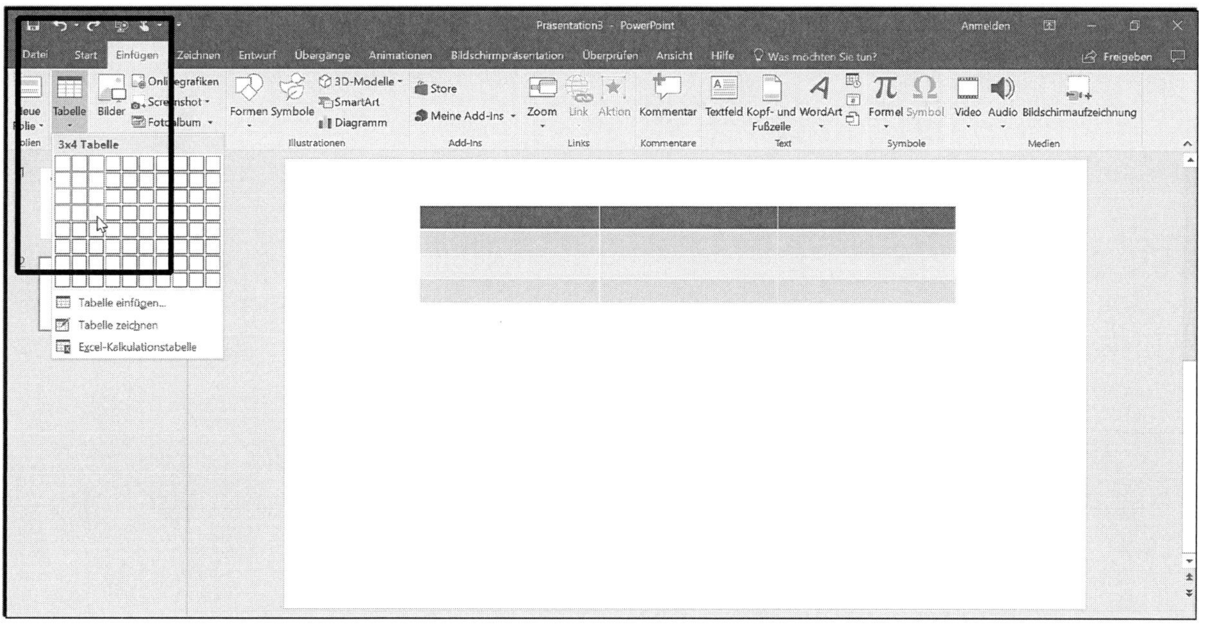

PowerPoint für die Schule
Kopiervorlagen ab dem 8. Schuljahr – Bestell-Nr. 12 244
KOHL VERLAG

Tabellen

Eine neue Registerkarte **Tabellentools** öffnet sich. Die Tabelle mit dieser farbigen Gestaltung wollen wir in eine **ohne Farbe** umwandeln. Bei **Tabellenformatvorlagen** sind verschiedene Vorlagen schon angelegt, hier suchen wir die gewünschte aus. Sollte sie nicht gleich zu sehen sein, können wir mit den kleinen Pfeilen am rechten Rand durch die Vorlagen scrollen.

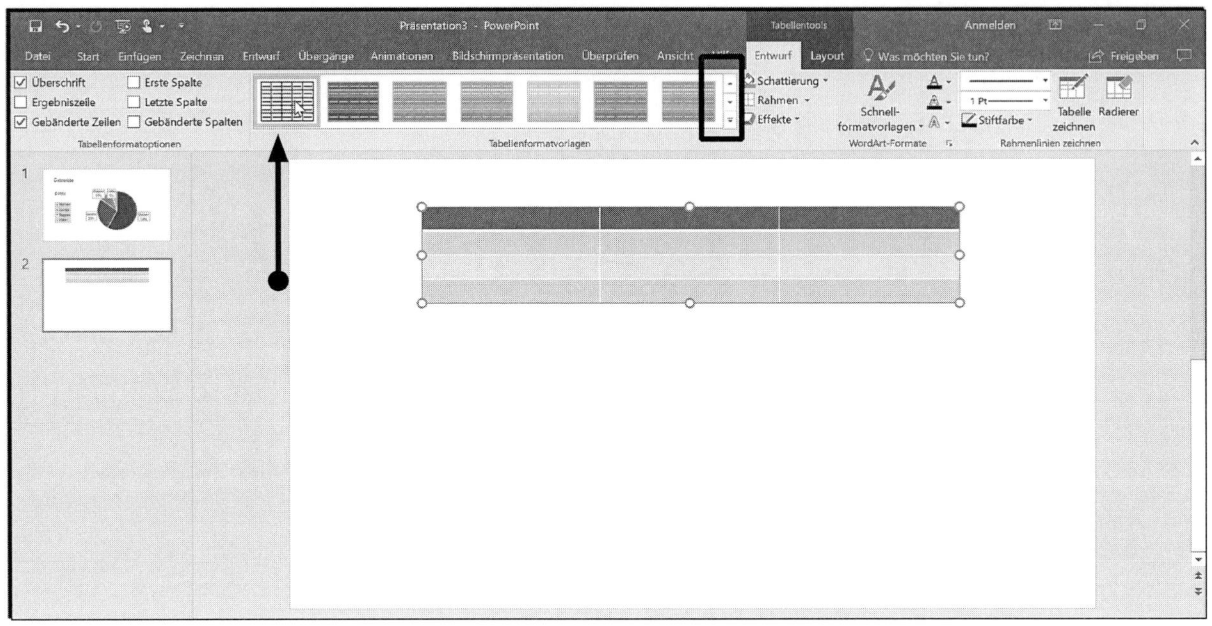

Jetzt ziehen wir die Tabelle so groß, sodass ringsum nur ein kleiner Rand übrig bleibt. Es reicht erst einmal, nur ungefähr die Größe einzustellen.

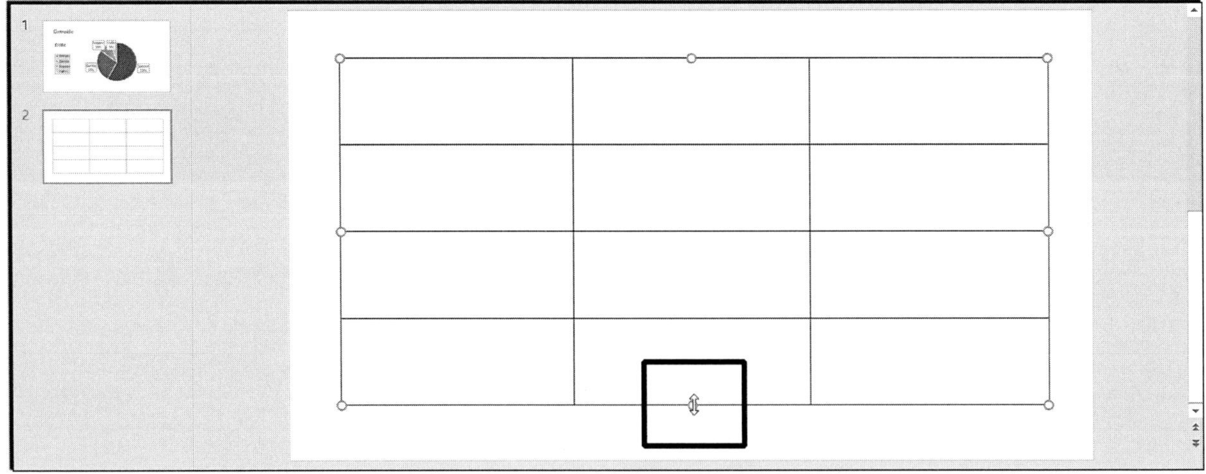

Tabellen

Zur genauen Ausrichtung blenden wir uns einfach ein Hilfsgitter ein. In der Registerkarte **Ansicht** ist der entsprechende Button **Gitternetzlinien** zu finden.

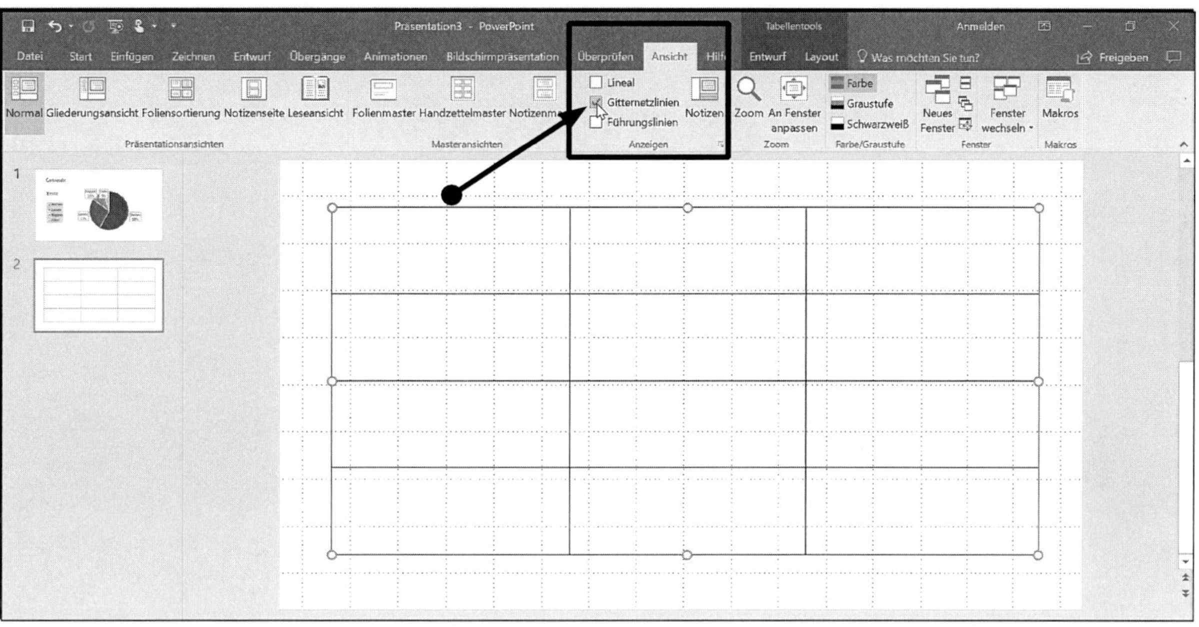

Mit den Hilfslinien und den Ziehpunkten ist es ein leichtes, die Tabelle gleichmäßig auszurichten.

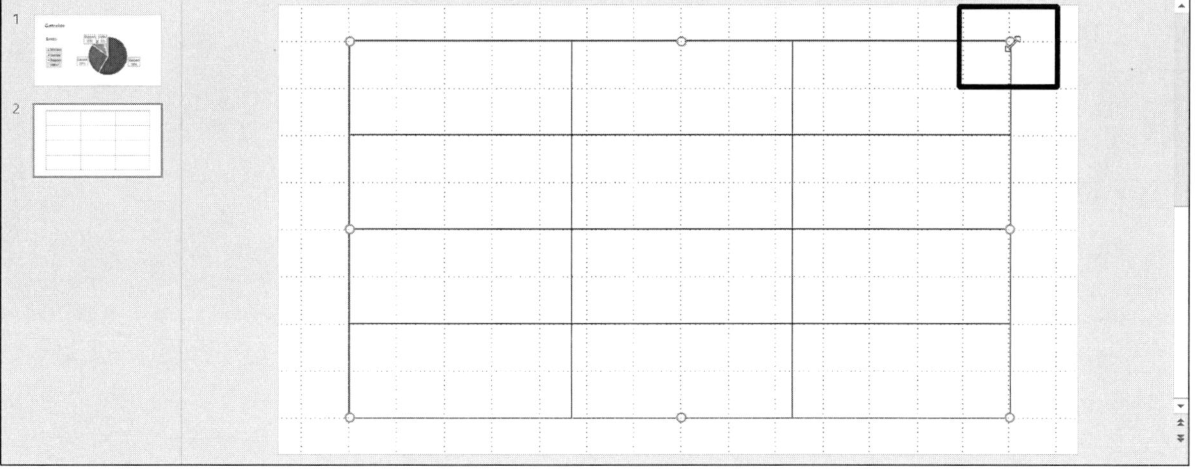

Tabellen

In die erste Spalte tragen wir untereinander unsere vier Getreidesorten ein. Die Schrift ist wieder zu klein. Hier habe ich **48 Pt.** ausgewählt. Alle vier Sorten auf die neue Größe umstellen.

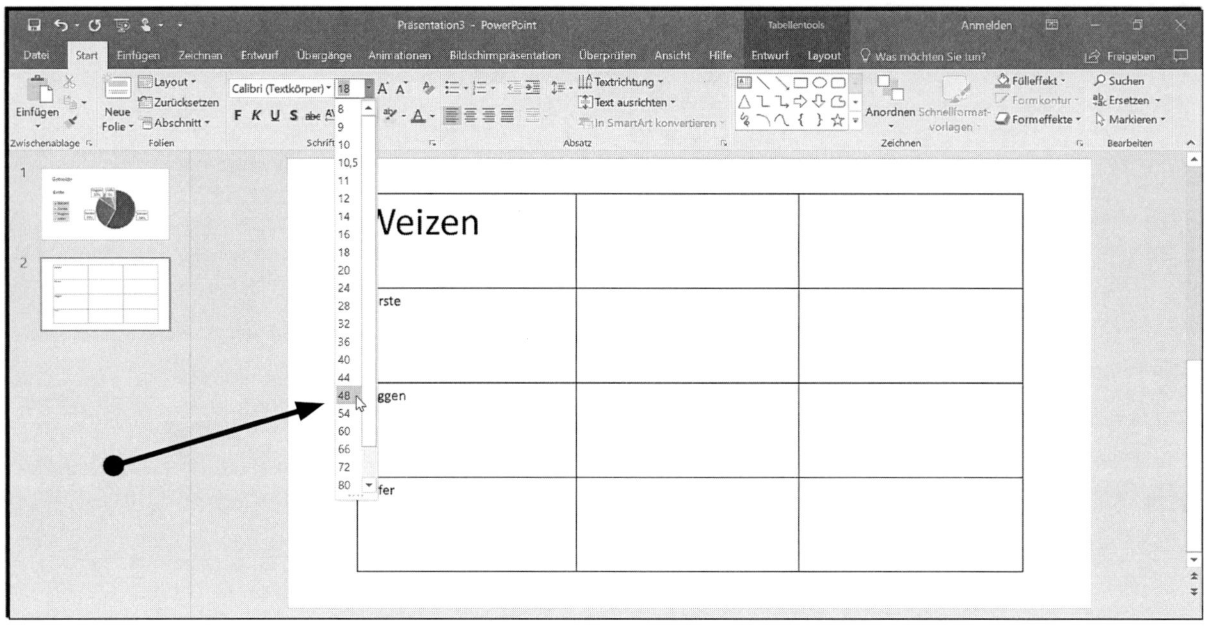

In die rechten zwei Spalten tragen wir selbstständig Produkte ein, die aus den jeweiligen Getreidesorten hergestellt werden können. Diese Schriftgröße vergrößern wir nicht so stark, hier sind es nur **40 Pt**.

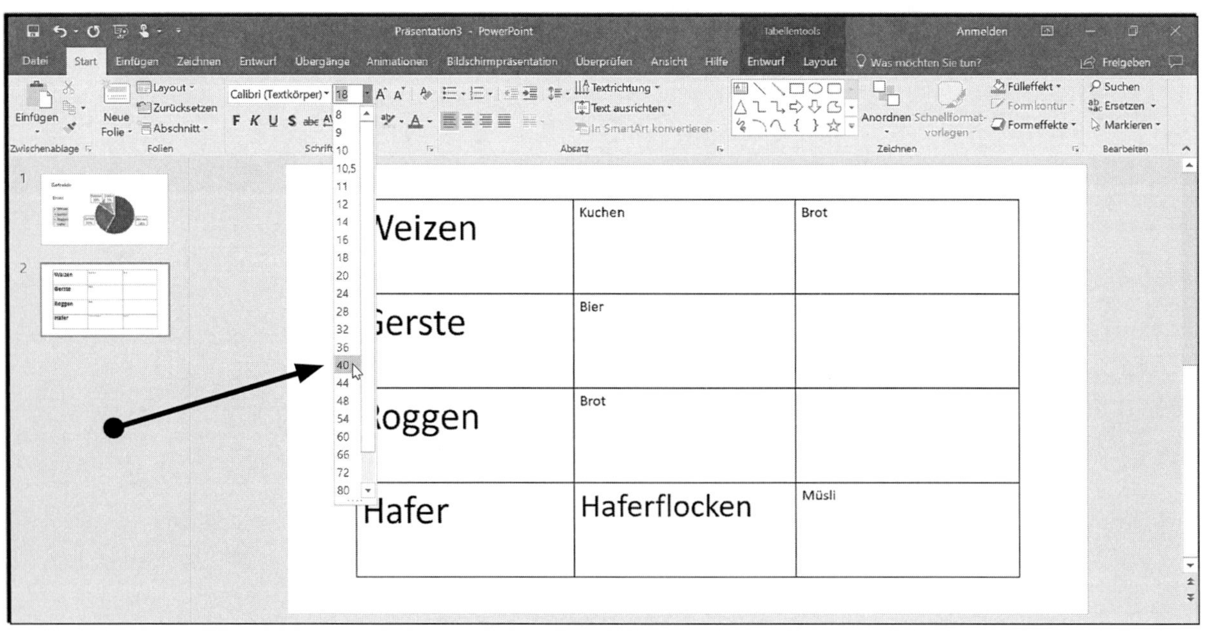

Tabellen

Um Inhalte voneinander abzugrenzen, lassen sich die einzelnen Zellen der Tabelle einfärben. Unter **Tabellentools/Entwurf** wählen wir **Schattierung**. Die Farbtabelle kennen wir schon, ich habe hier ein **helles Grau** ausgewählt. Keine zu kräftige Farbe nehmen, die Schrift muss noch deutlich zu erkennen sein!

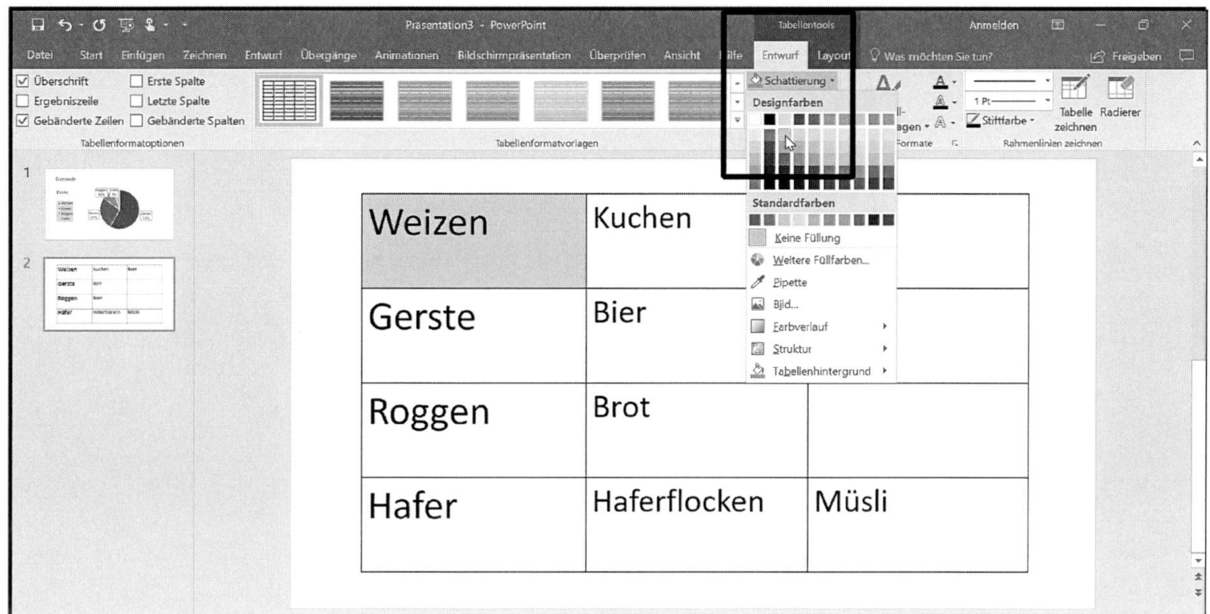

Übersichtlich wirkt so eine Einfärbung, wenn wir sie zeilenweise vornehmen.

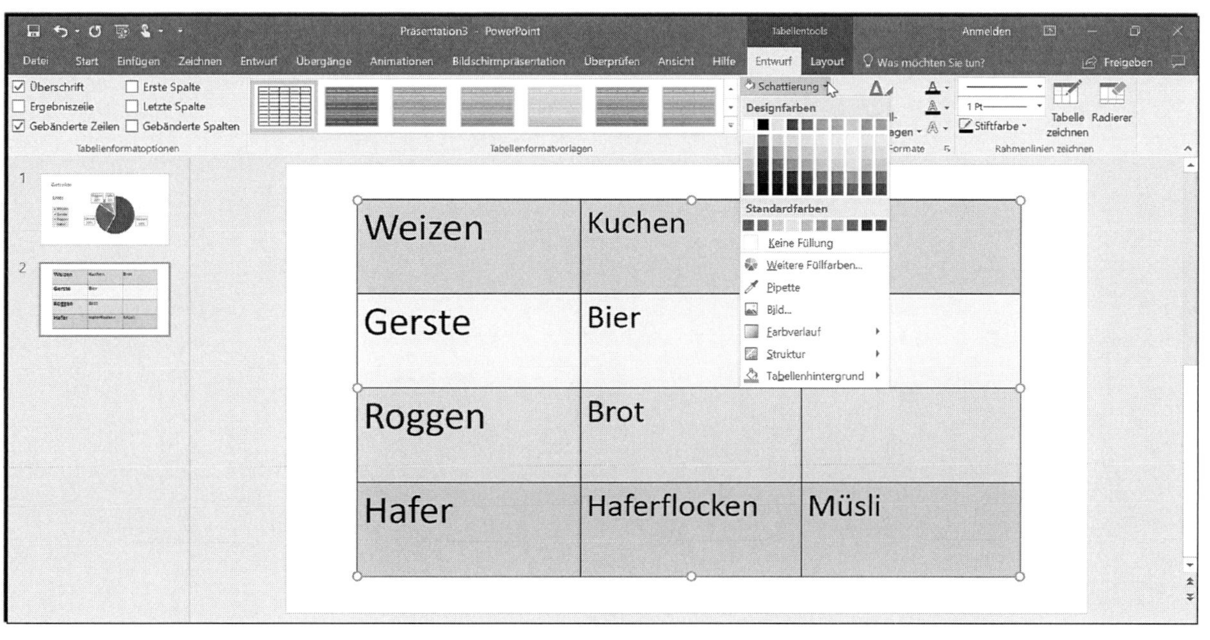

So eine Tabelle ist eine gute Unterstützung des Vortrages, auf einen Blick erkennt man die Zusammenhänge.

Als nächstes widmen wir uns den Textfeldern. Vorgefertigte haben wir in den Formatvorlagen schon kennengelernt, jetzt erstellen wir uns selbst welche. Wieder eine **Neue Leere Folie** anlegen.

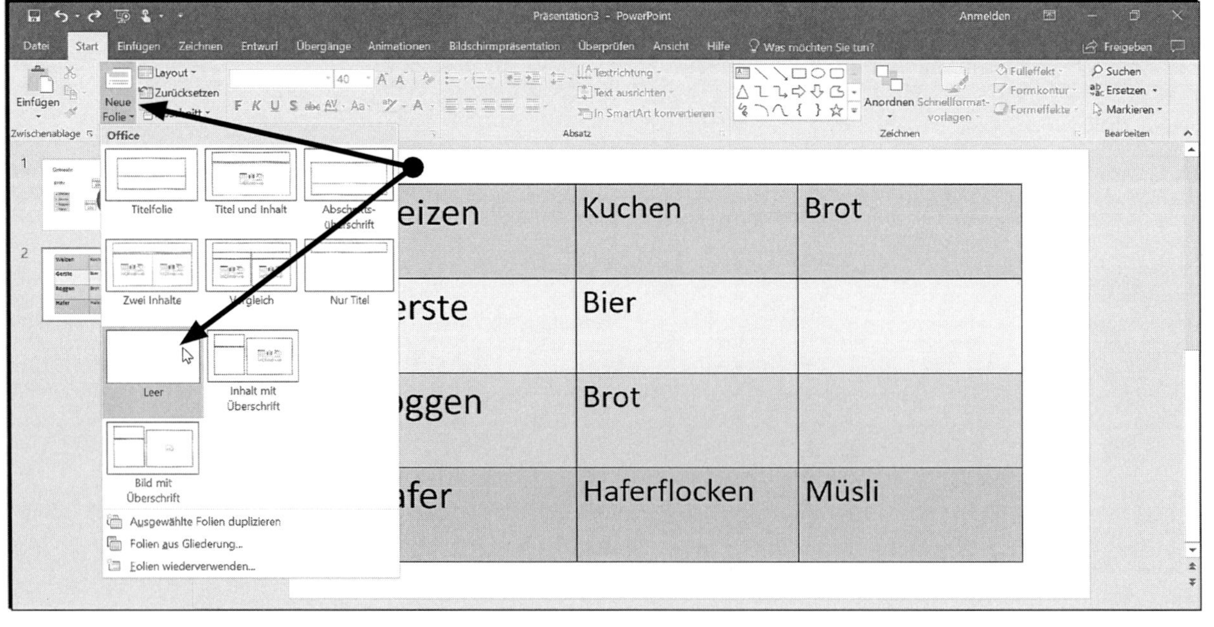

Textfelder

In der Registerkarte **Einfügen** klicken wir auf den Button **Textfeld** und ziehen mit gedrückter linker Maustaste auf der Folie ein Rechteck auf. Die Größe und Platzierung ist nicht so wichtig, die passen wir noch an.

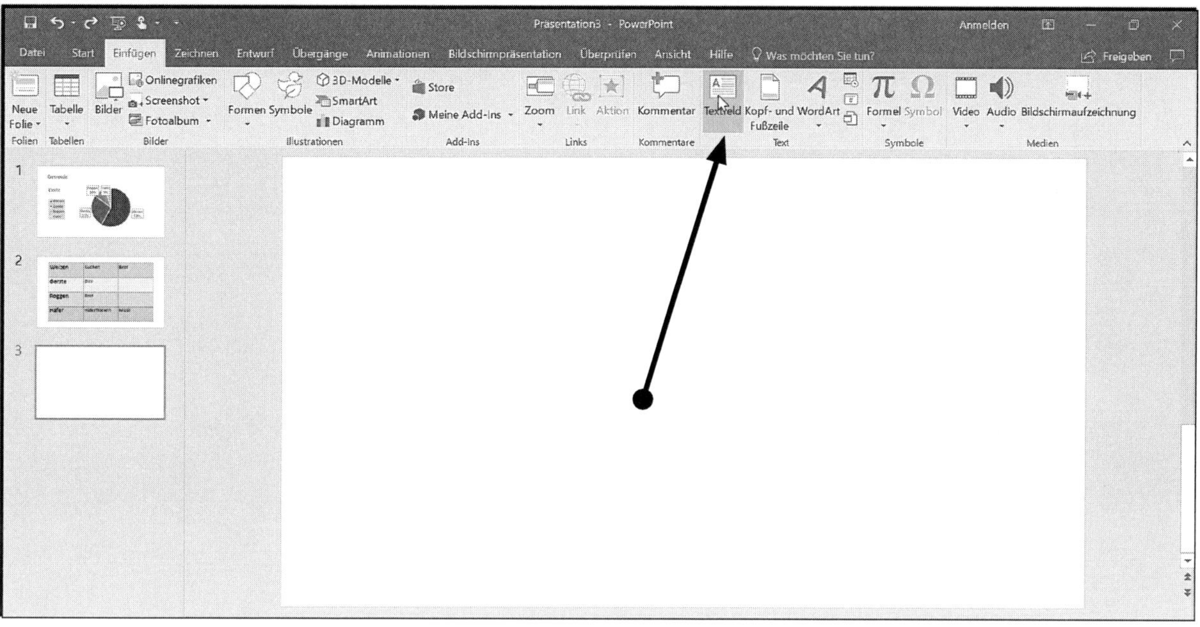

Bevor wir schreiben, stellen wir die **Schriftgröße** von 18 Pt. auf **80 Pt.** um.

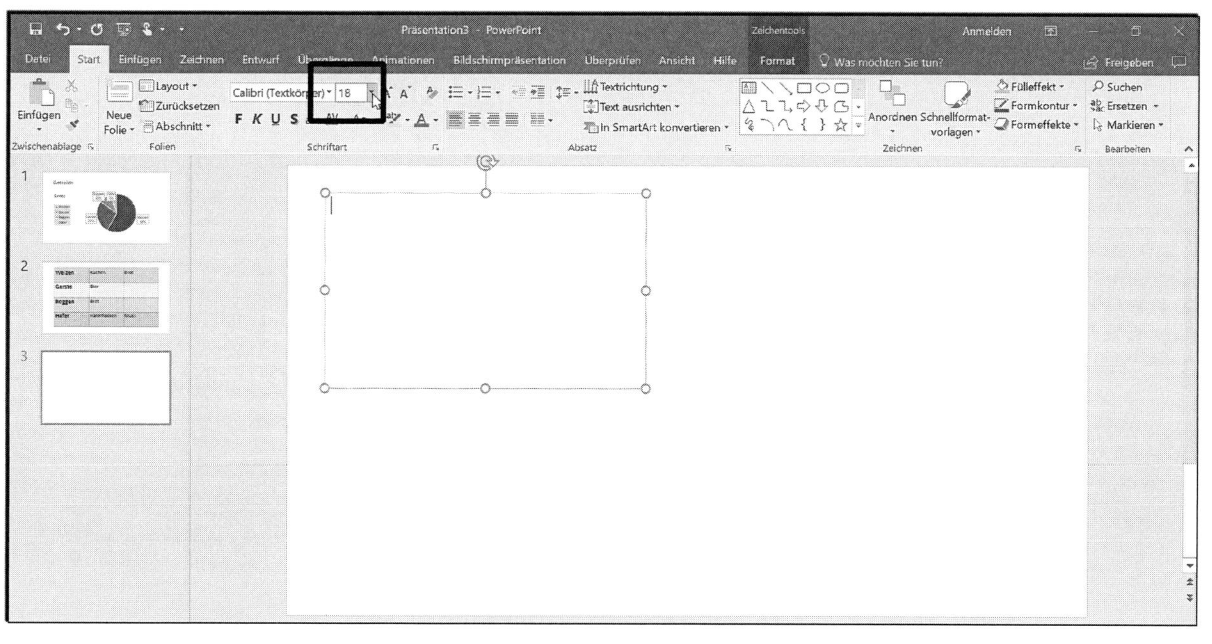

KOHL VERLAG PowerPoint für die Schule
Kopiervorlagen ab dem 8. Schuljahr – Bestell-Nr. 12 244

Textfelder

In das Textfeld schreiben wir **Weizen**.

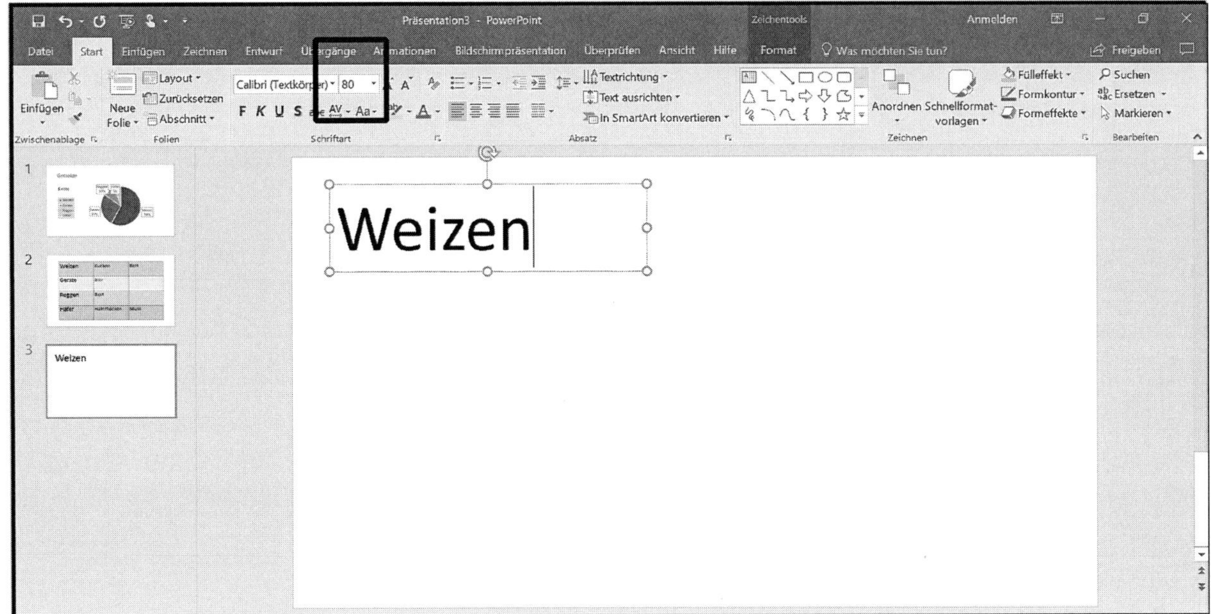

Das Textfeld war bei mir zu lang, daher habe ich es dem Wort angepasst.

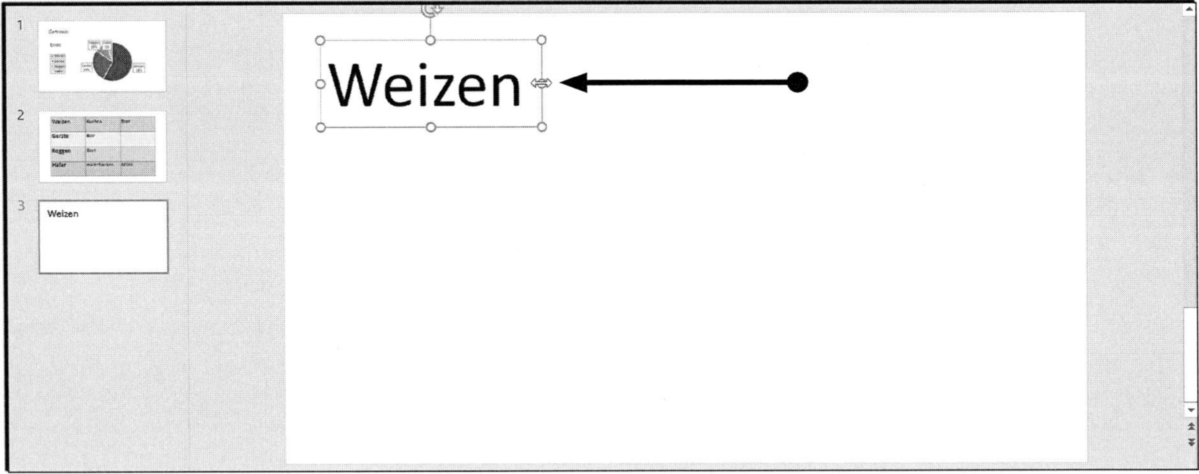

KOHL VERLAG Lernen mit Erfolg
PowerPoint für die Schule
Kopiervorlagen ab dem 8. Schuljahr – Bestell-Nr. 12 244

Textfelder

So ein Textfeld kann nun beliebig auf unserer Folie platziert werden. Der Mauszeiger wird einfach auf dem Rahmen platziert bis das Verschiebekreuz erscheint und dann kann man es mit gedrückter linker Maustaste verschieben, genauso wie wir es schon beim Diagramm gemacht haben.

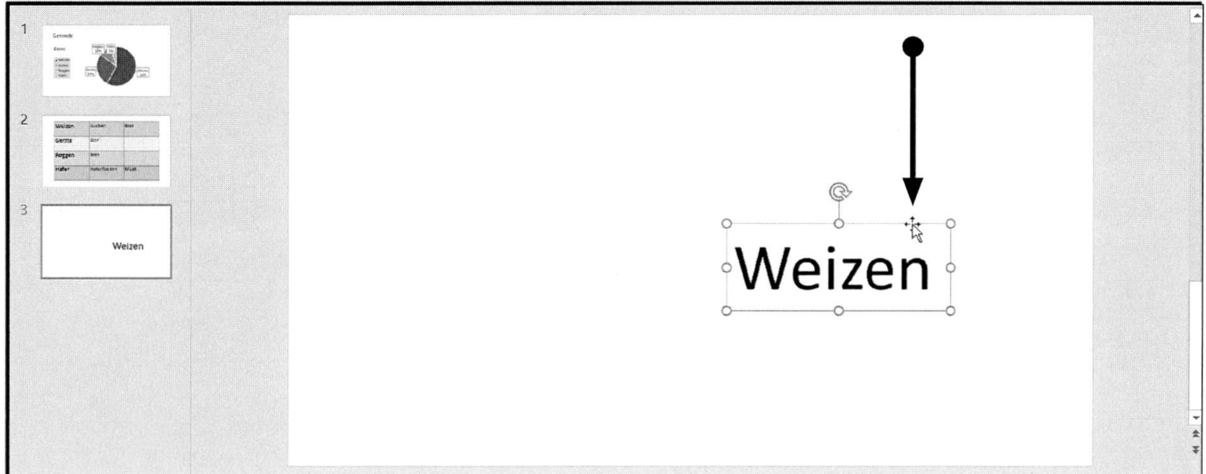

An dem grünen Punkt mit dem runden Pfeil oben in der Mitte lässt es sich sogar **Drehen**.

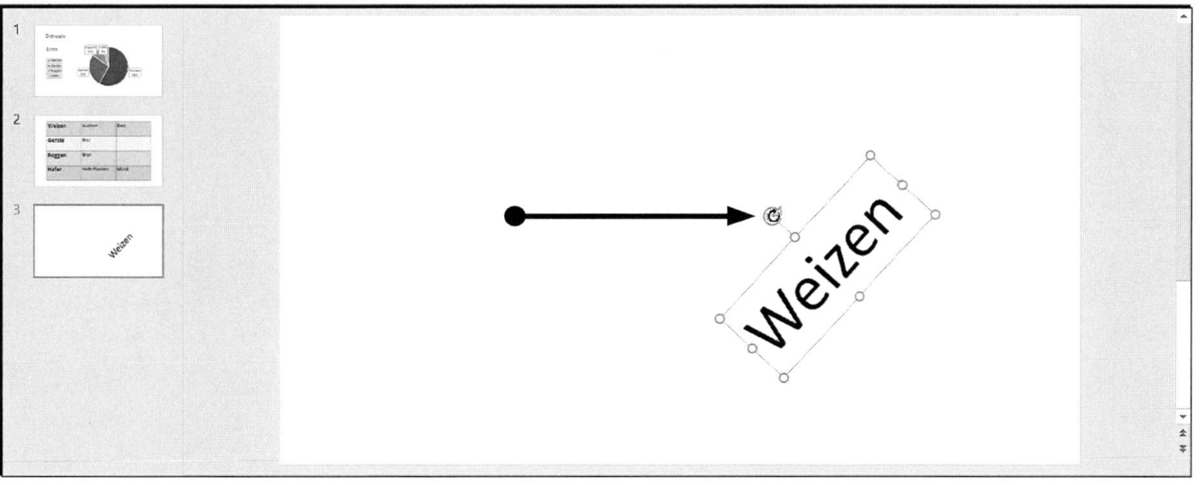

Textfelder

Wenn das Textfeld markiert ist, können wir es mit einer Hintergrundfarbe füllen. In der Registerkarte **Start** können wir bei **Fülleffekt** unsere Farbtabelle aufrufen. Ich habe hier ein **helles Grün** ausgewählt. Danach das Textfeld wieder **waagerecht** anordnen.

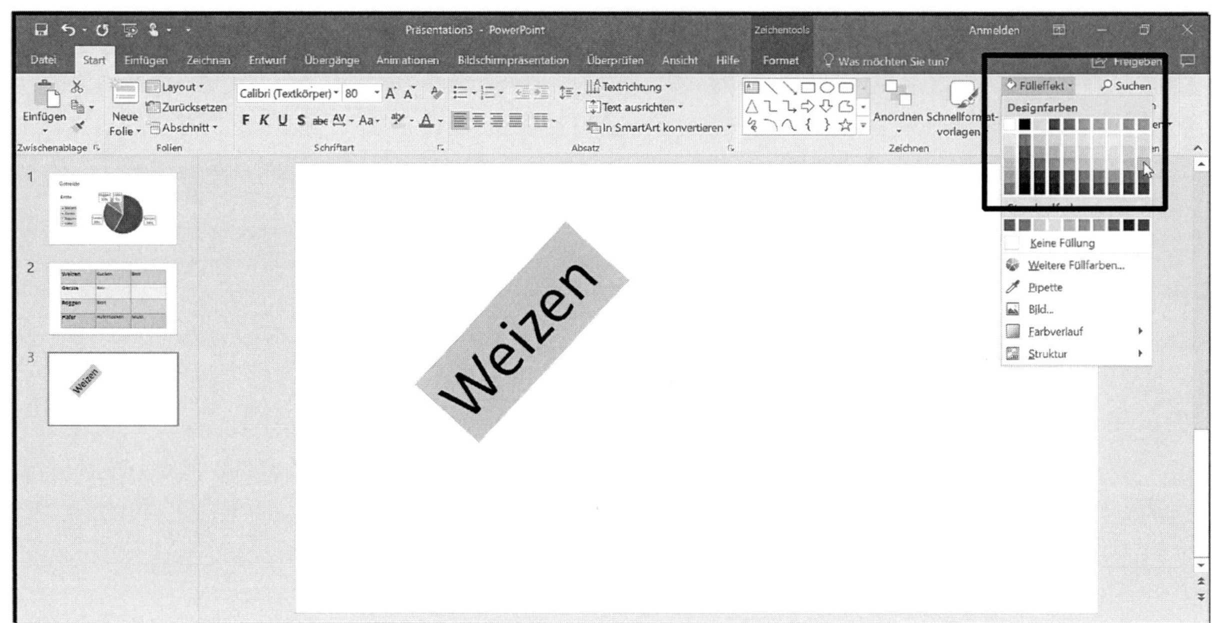

Auf die gleiche Weise legen wir weitere Textfelder an, tragen unsere Getreidesorten ein und färben sie unterschiedlich ein.

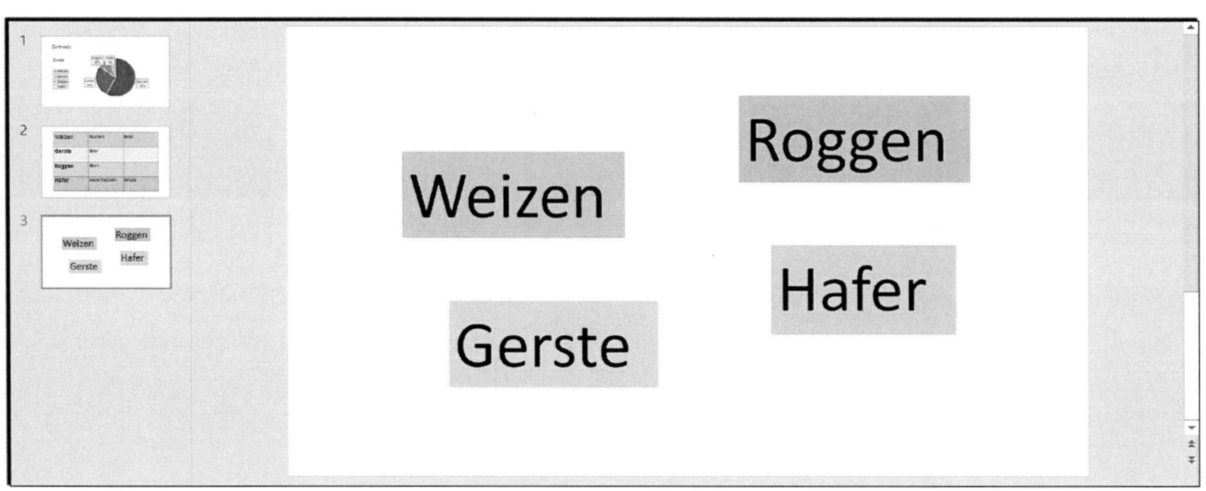

Textfelder

Um Textfelder auszurichten, gibt es auch entsprechende Optionen. Zuerst mit gedrückter Umschalttaste zwei Felder markieren. Unter **Start/Anordnen/Ausrichten** gibt es eine Auswahl an Möglichkeiten. Für unser Beispiel klicken wir auf **Horizontal zentrieren**.

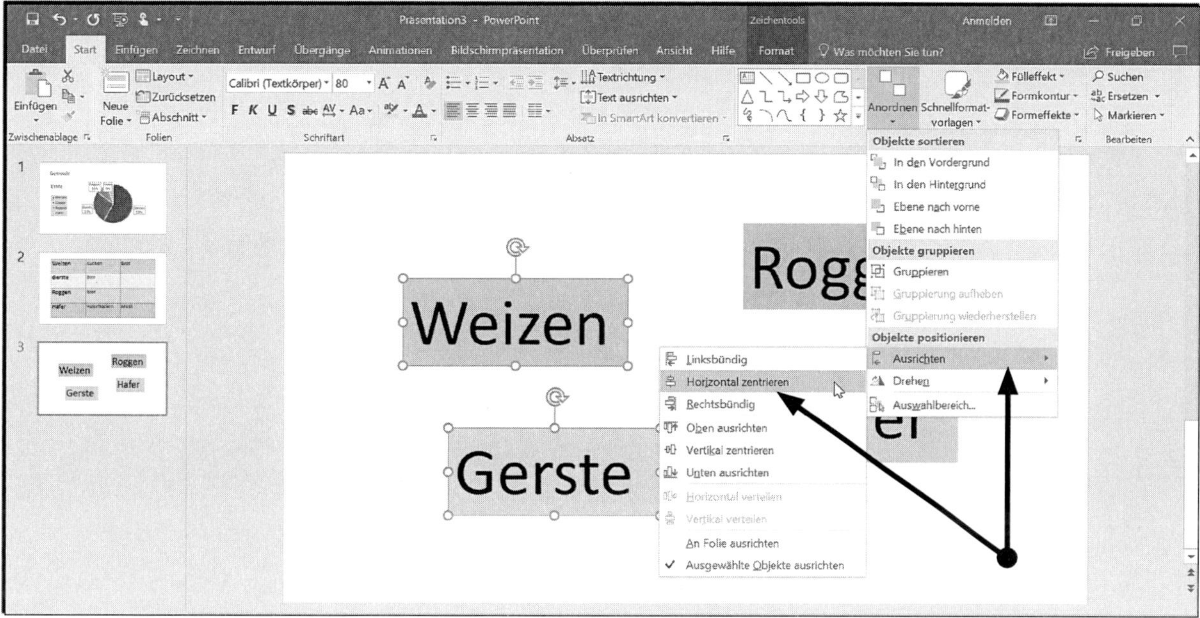

Beide Textfelder sind jetzt genau untereinander angeordnet.

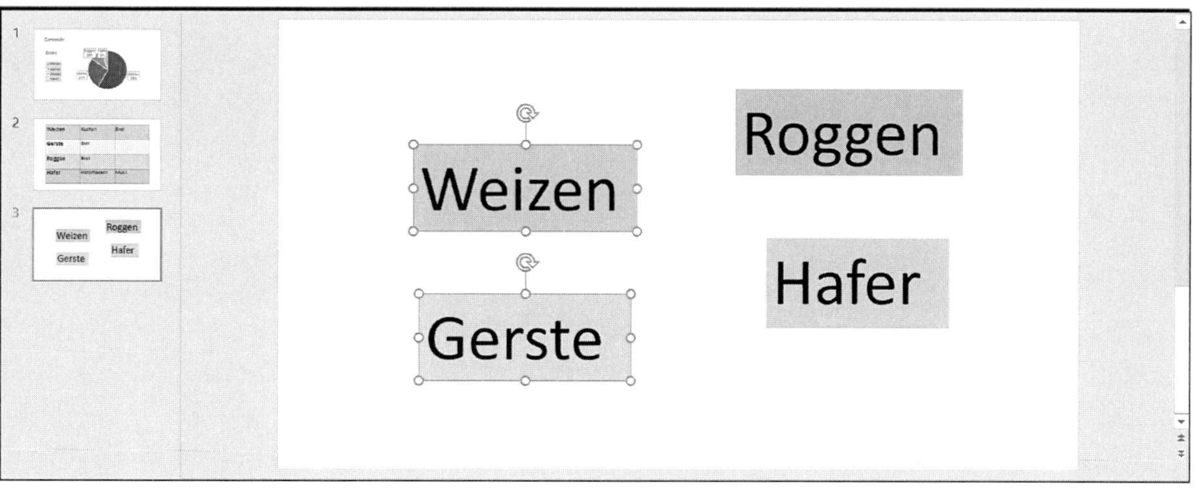

Textfelder

Weizen und Gerste sind schön angeordnet, aber was ist mit den anderen?

Diesmal wollen wir Weizen und Roggen in eine Reihe bringen. Wieder beide markieren, diesmal bei **Ausrichten, Vertikal zentrieren** auswählen

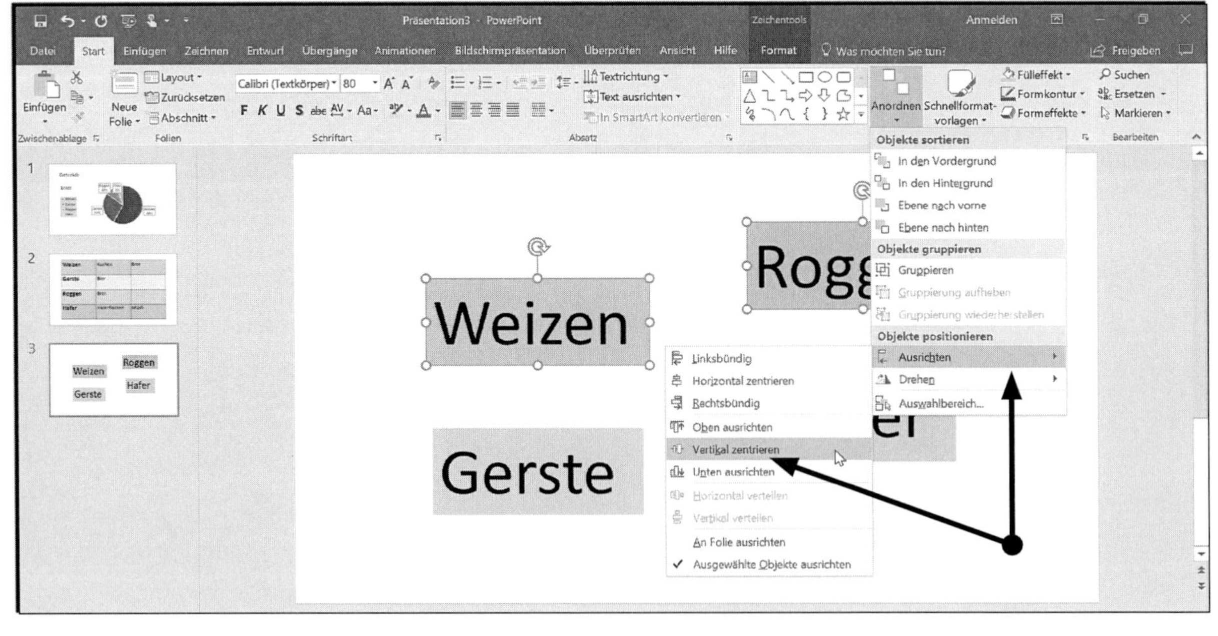

PowerPoint für die Schule

Textfelder

Beide Textfelder sind waagerecht in einer Linie platziert worden.

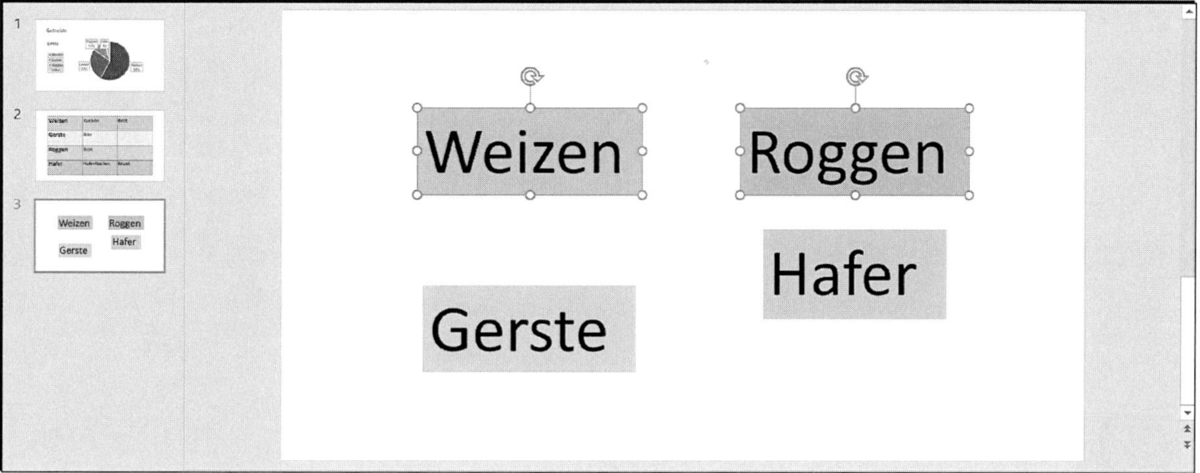

Beim Textfeld **Hafer** wenden wir jetzt **beide Varianten** an, damit es genau waagerecht und senkrecht zu den anderen ausgerichtet ist. Die Reihenfolge beim Ausrichten ist nicht wichtig.

PowerPoint für die Schule
Kopiervorlagen ab dem 8. Schuljahr – Bestell-Nr. 12 244
KOHL VERLAG

Textfelder

Eine andere Möglichkeit ist, das Hilfsgitter zu benutzen.
Unter **Ansicht/Gitternetzlinien** blenden wir es ein.

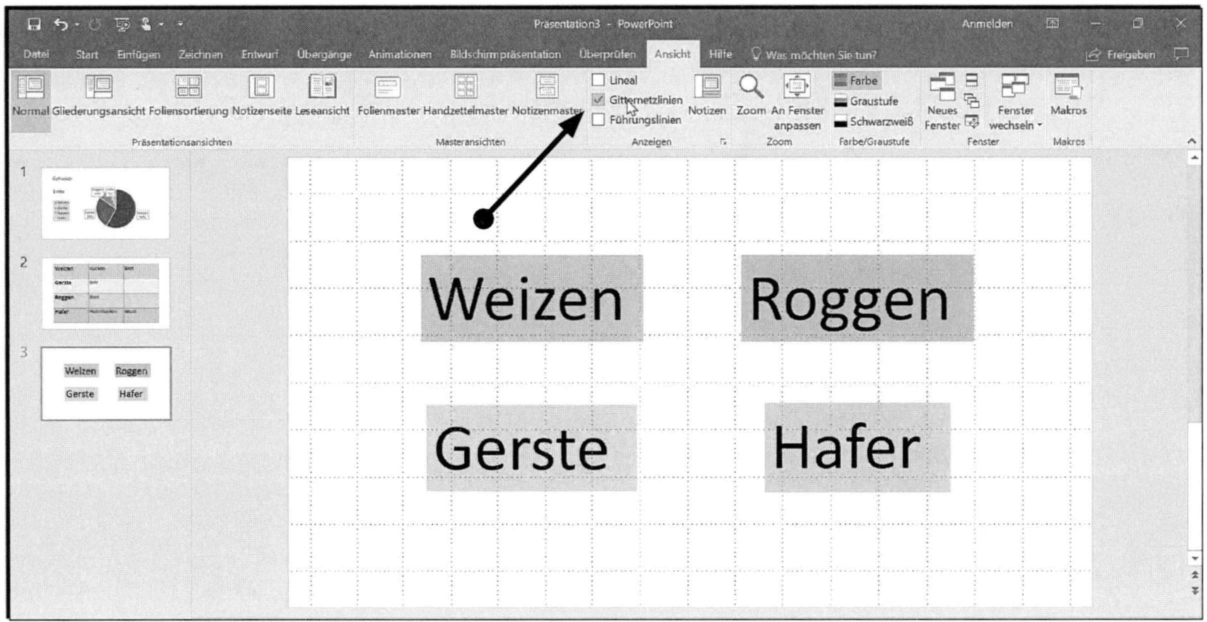

Nun verschieben wir die einzelnen Textfelder wie hier zu sehen. Erst einmal grob platzieren, die Feinheiten kommen später. Die Textfelder sind alle unterschiedlich groß, für die neue Gestaltung sollen sie aber alle gleichgroß sein. Da Roggen der größte Text ist, richten wir uns nach diesem Textfeld. Bei **Zeichentools/Format** können wir ganz rechts die Größe einstellen. Wir ändern auf **3,7 cm Höhe** und **9,8 cm Breite**.

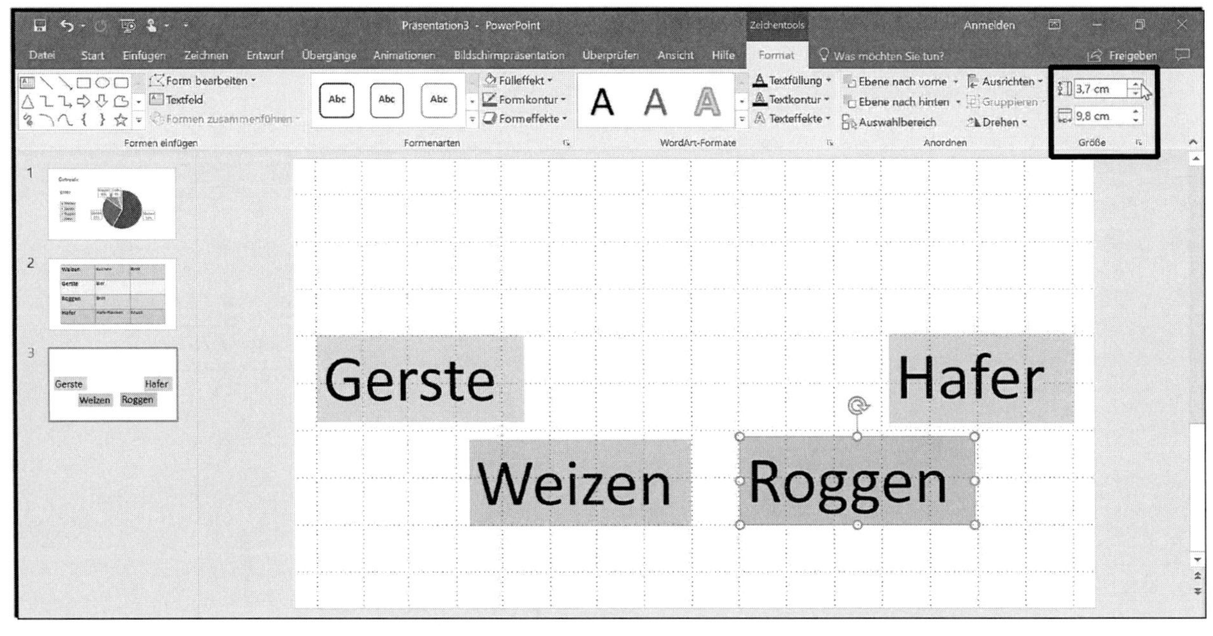

PowerPoint für die Schule
Kopiervorlagen ab dem 8. Schuljahr – Bestell-Nr. 12 244
KOHL VERLAG

Textfelder

Alle anderen Textfelder auf diese Größe einstellen. Die Schrift ist noch linksbündig ausgerichtet. Besser wäre aber eine zentrierte Anordnung. Den Cursor in ein Wort setzen, und auf den Button **Zentriert** klicken. Dieses für alle vier Textfelder wiederholen.

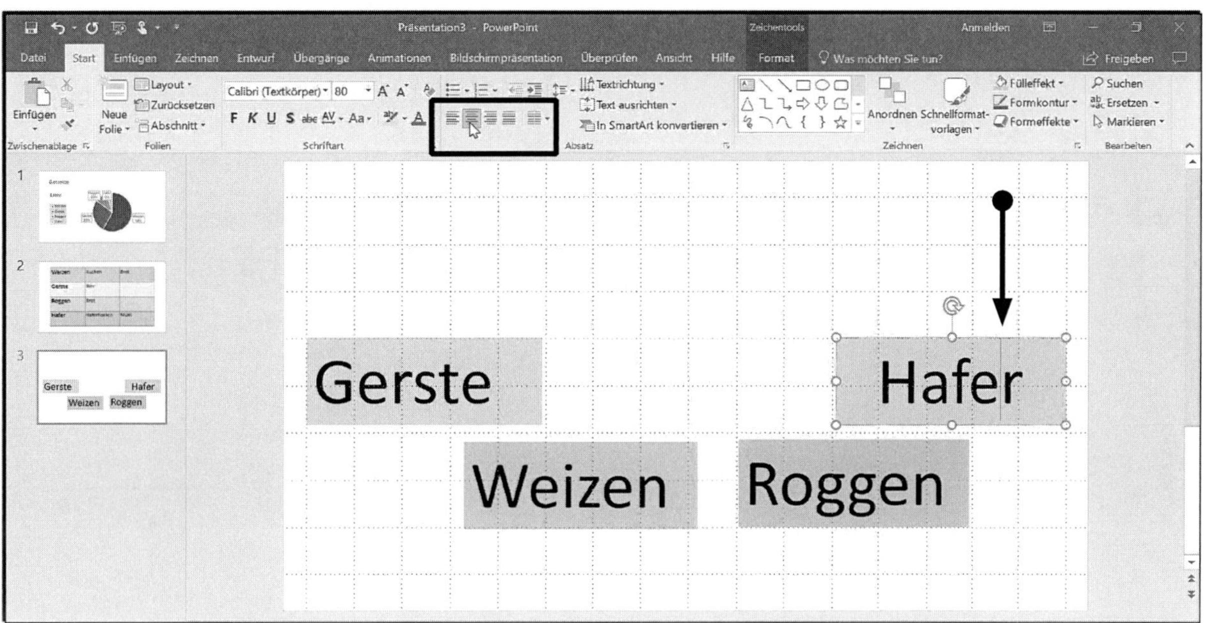

Unsere Textfelder sollen nun genau platziert werden. Dafür blenden wir weitere Hilfslinien ein. Unter **Ansicht** setzen wir noch den Haken bei **Führungslinien**.

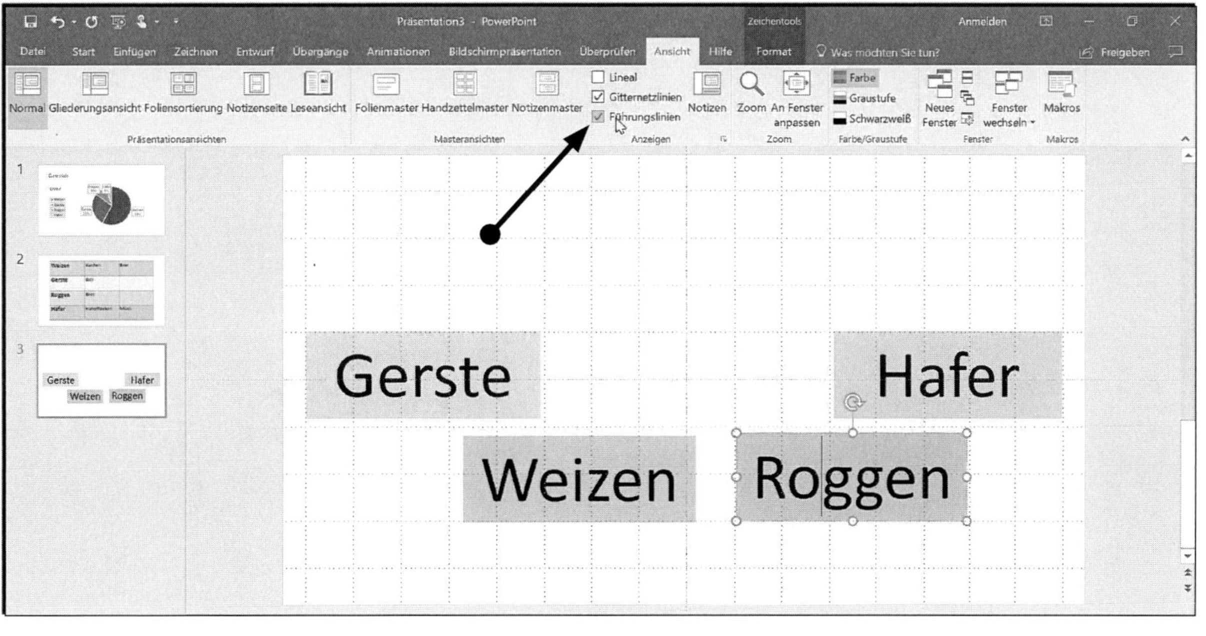

Textfelder

Diese Führungslinien sind genau senkrecht und waagerecht in der Mitte angeordnet. Somit ist es leichter, die Anordnung so auszuführen. Sie lassen sich übrigens auch verschieben, wir lassen sie aber so. Auf dem Bild unten sind sie nicht so gut zu sehen, aber bei euch am Monitor werdet ihr sie erkennen.

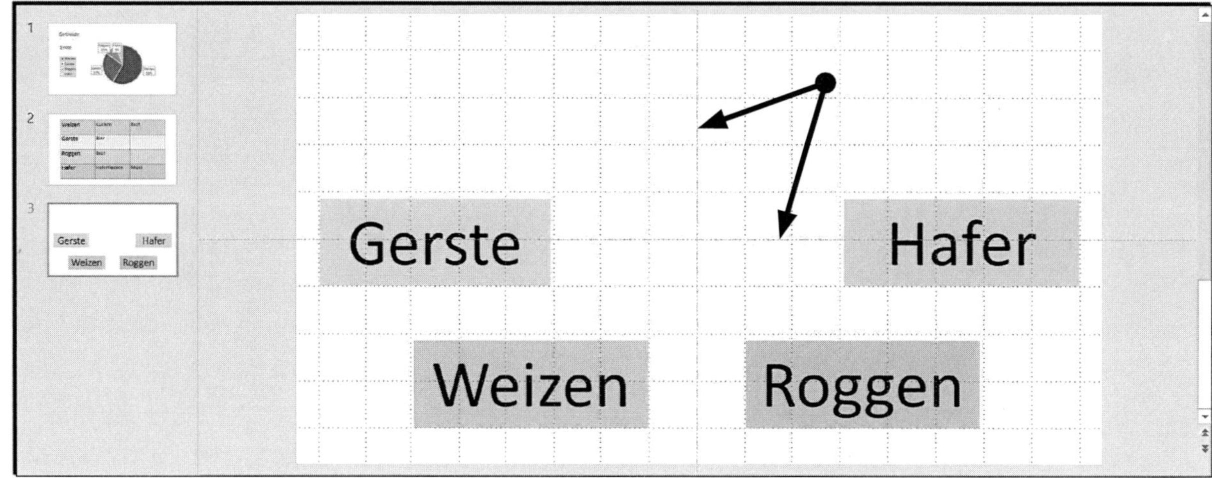

Ein weiteres **Textfeld** wird angelegt. Als Schriftgröße stellen wir **96 Pt**. ein und schreiben **Getreide**. Dann das Textfeld wieder verkleinern, bis das Wort genau hineinpasst.

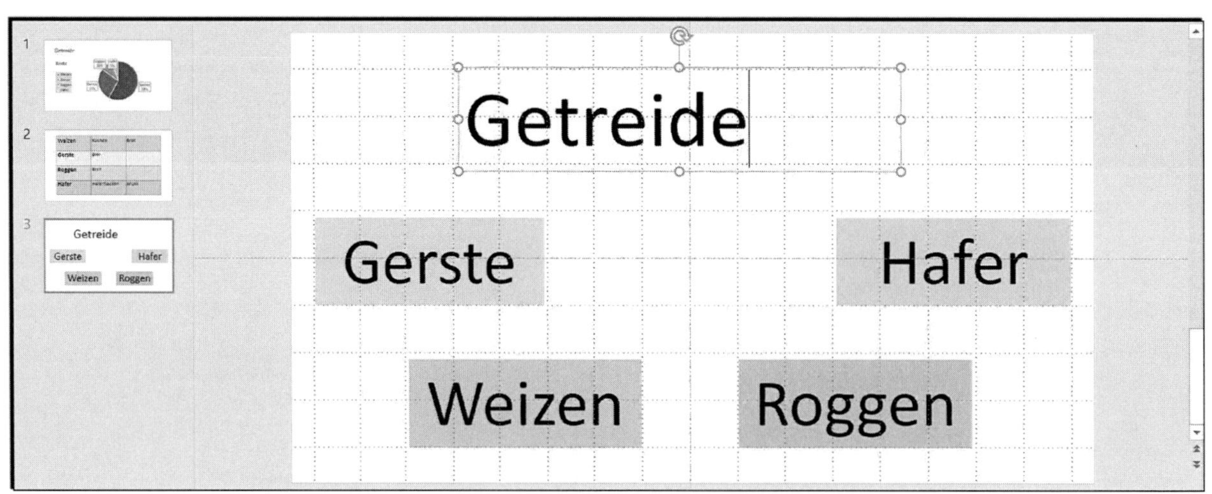

Textfelder

Dieses Textfeld soll genau oben zentriert angeordnet werden. Das Vorgehen kennen wir schon, bei **Anordnen/Ausrichten, Horizontal zentrieren** anklicken.

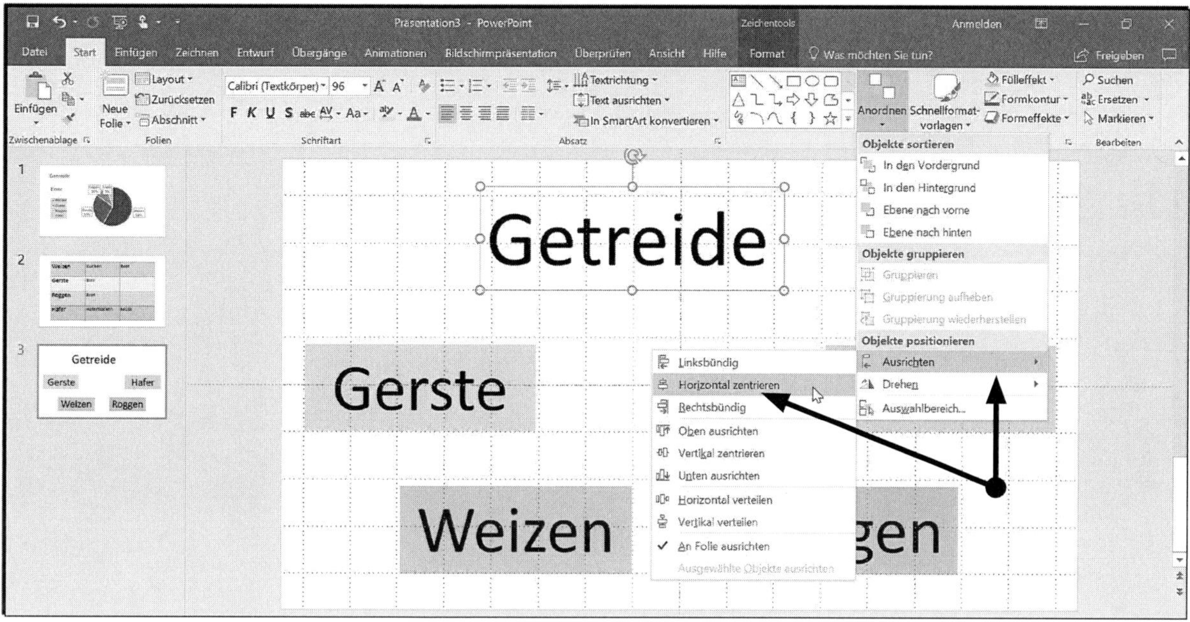

Auch dieses Textfeld füllen wir mit einer Hintergrundfarbe. Könnt ihr schon erkennen, was hier dargestellt werden soll? Getreide ist die Oberbezeichnung der untenstehenden Sorten. Eine Verbindung fehlt noch, damit das deutlicher zu sehen ist.

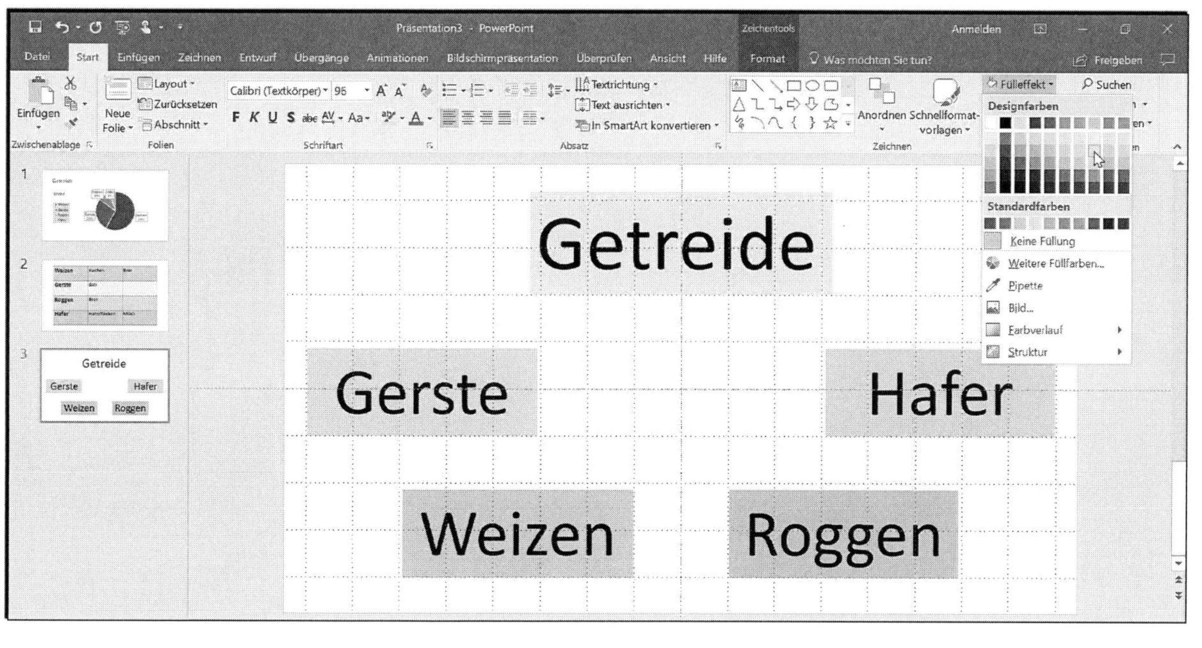

PowerPoint für die Schule
Kopiervorlagen ab dem 8. Schuljahr – Bestell-Nr. 12 244
KOHL VERLAG

Dafür gibt es in der Registerkarte **Einfügen** die Rubrik **Formen**. Hier ist auch ein **Pfeil** in der Auswahl. Diesen anklicken.

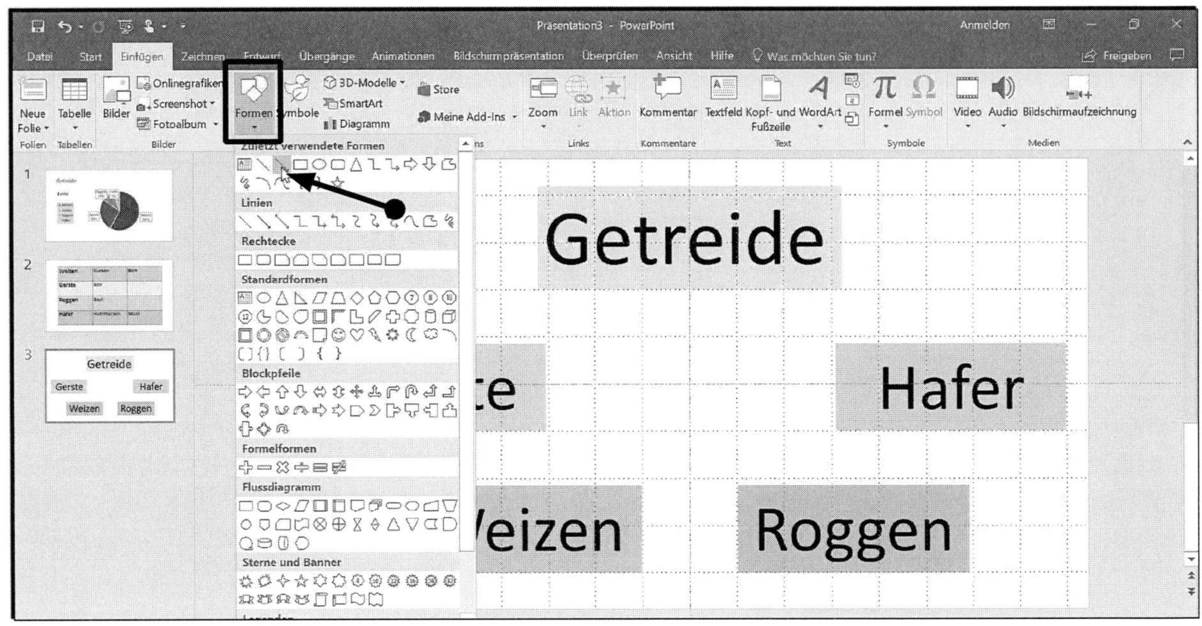

Jetzt den Mauszeiger an die Umrandung des Textfeldes Getreide führen, wenn ihr ziemlich in der Mitte angekommen seid, tauchen vier Ziehpunkte auf. Jetzt die linke Maustaste gedrückt halten und in Richtung Gerste führen.

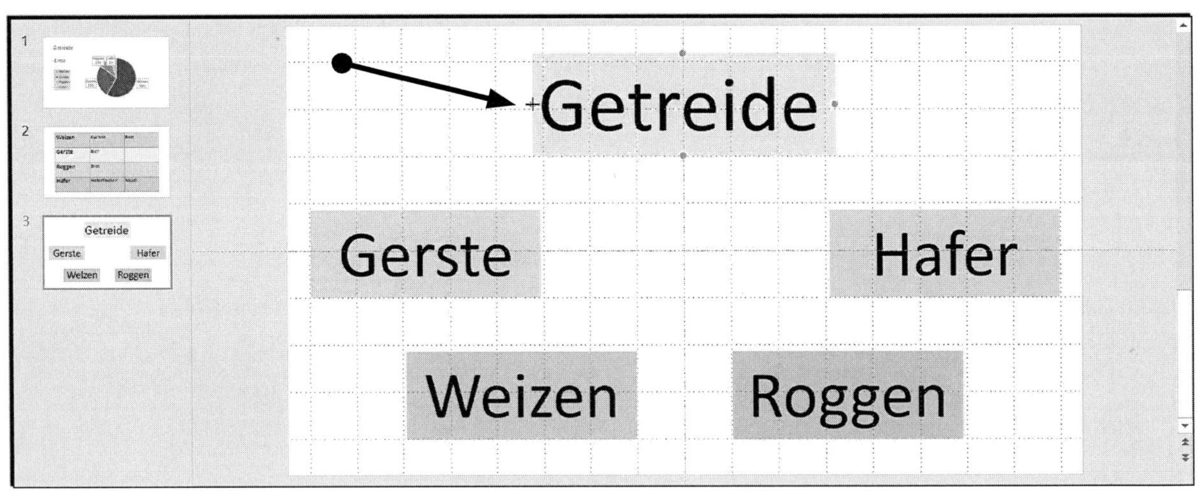

Textfelder

Auch bei Gerste werden solche Ziehpunkte angezeigt, wenn man die Mitte des Rahmens erreicht. Sie sind aber nur zu sehen, solange man die Maustaste gedrückt hält. Da ich sie hier loslassen musste, werden hier beim Foto keine angezeigt.

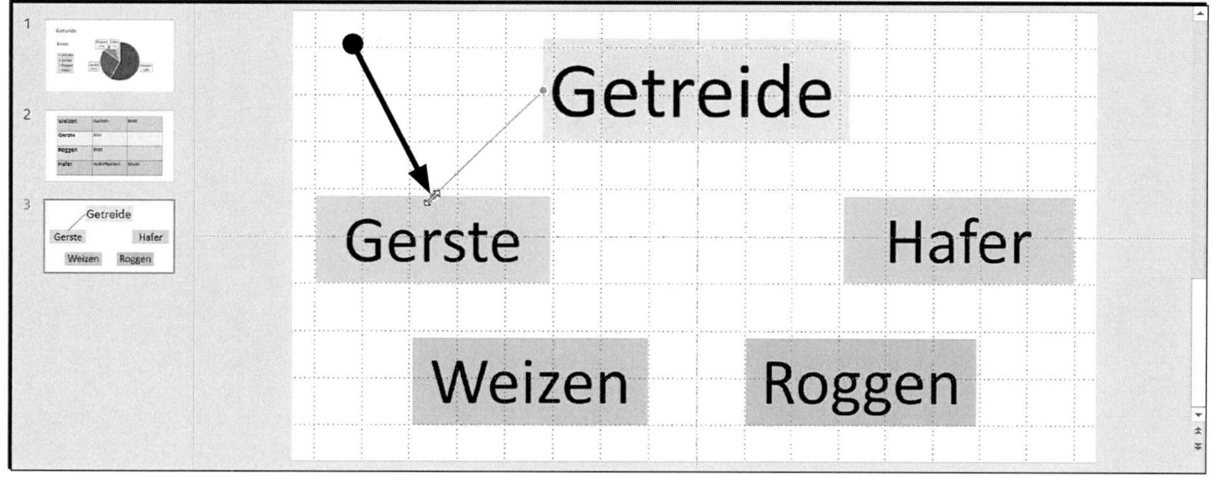

Der Pfeil ist noch recht dünn, unter **Zeichentools/Format/Formkontur** wählen wir eine **Stärke** von **6 Pt**.

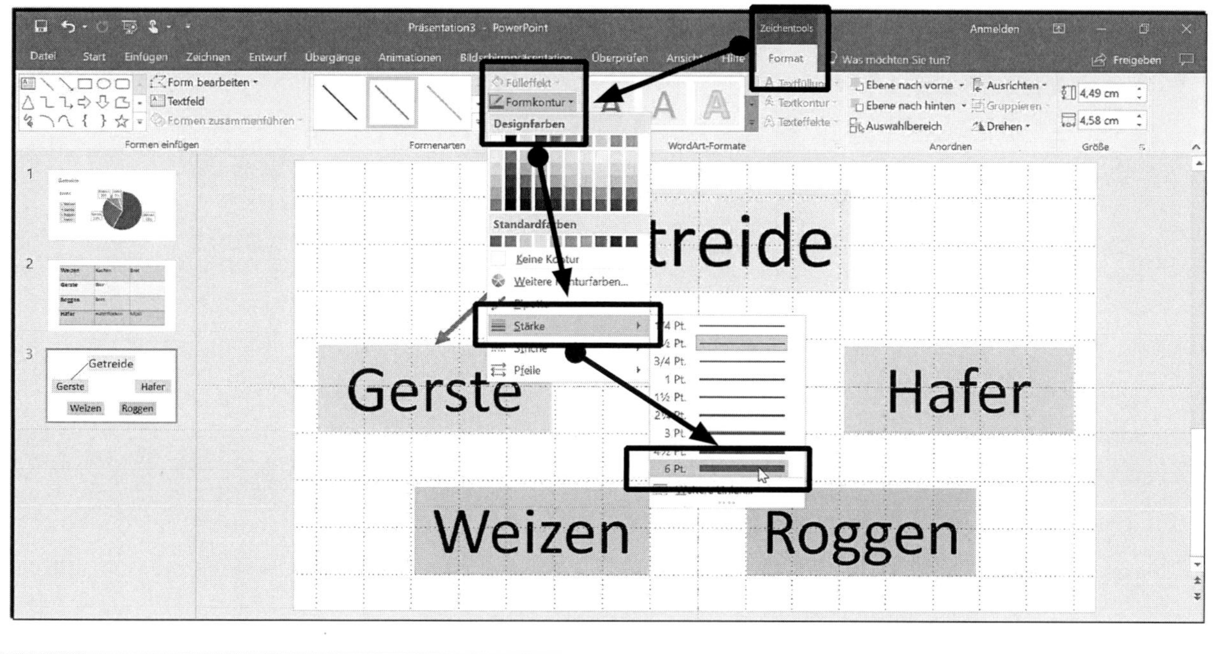

Textfelder

Den so eingestellten Pfeil können wir gleich kopieren und die anderen Verbindungen herstellen. Diese Anordnung würde mir persönlich nicht so gefallen, das geht noch besser.

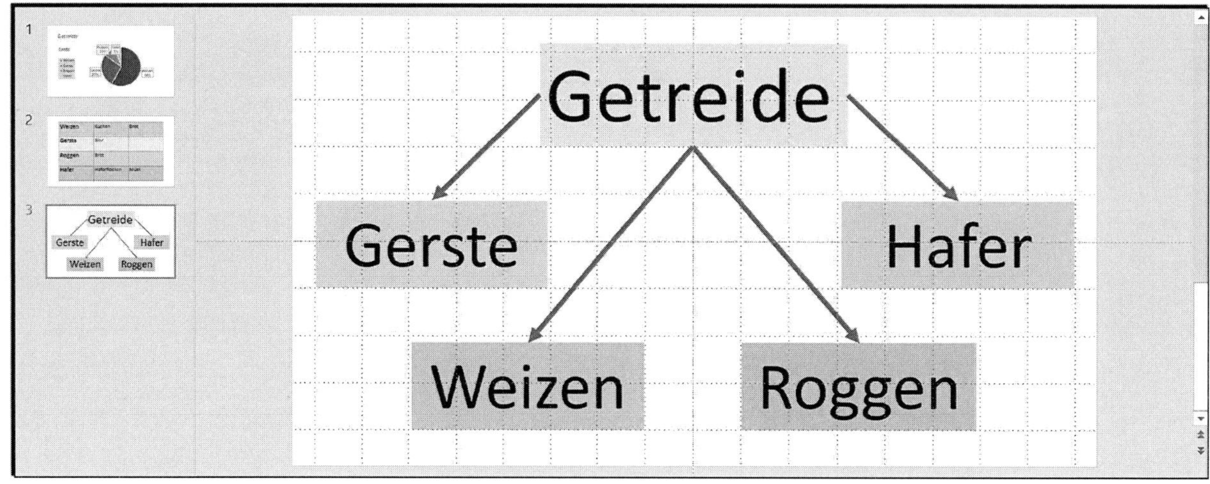

Diese Anordnung ist schon besser, aber immer noch nicht so schön.

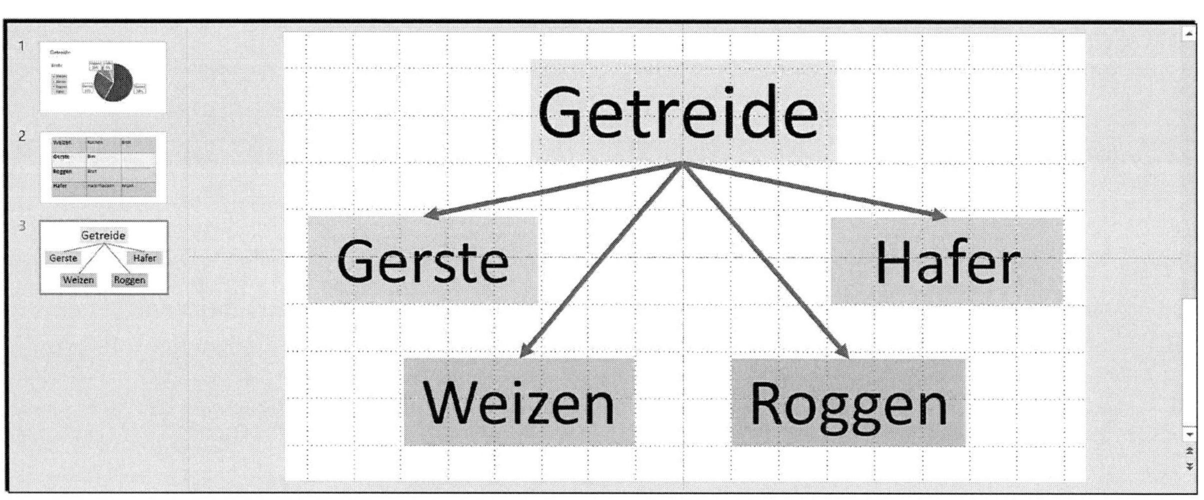

KOHL VERLAG
PowerPoint für die Schule
Kopiervorlagen ab dem 8. Schuljahr – Bestell-Nr. 12 244

So eine Anordnung wäre mein Favorit. Stimmt doch mal in eurer Klasse ab, welche von den drei Varianten am besten ankommt!

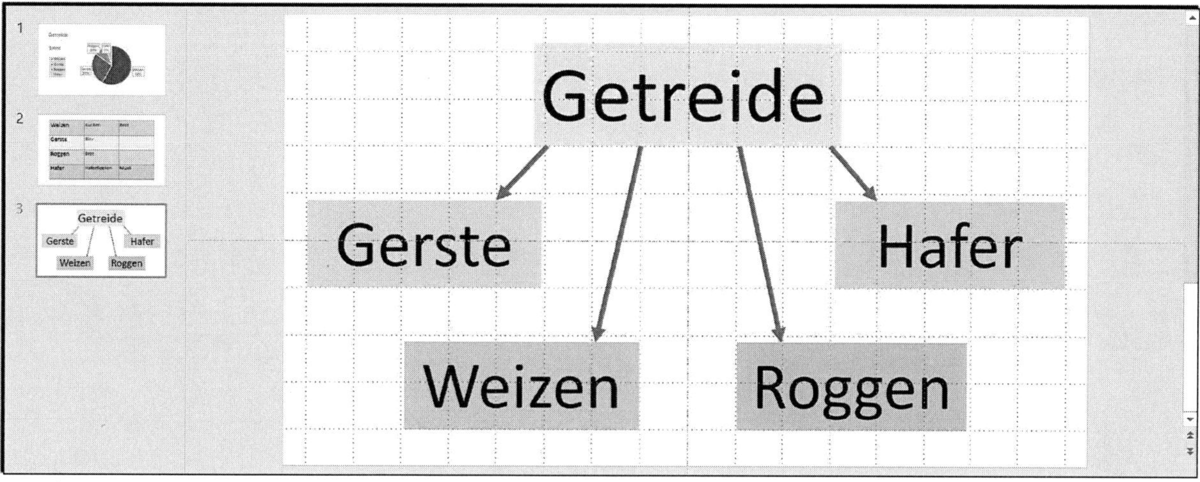

Aber auch diese Anordnung wäre möglich: Das Textfeld Getreide verbreitern und alle Pfeile senkrecht anordnen.

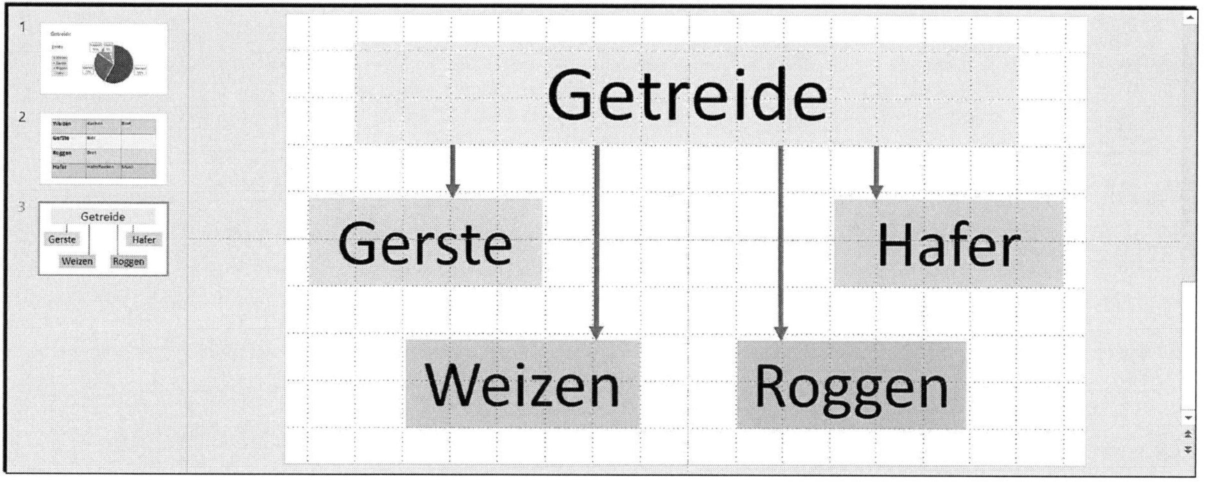

Textfelder/Animationen

Eine Folie mit nur drei Textfeldern ist sehr übersichtlich und schnell vom Zuhörer zu erfassen. Wenn wir noch Kuchen und Brot durch eine Clipart oder ein Foto ersetzen, ist das in einer Präsentation eine willkommene Abwechslung für das Auge. Ein Bild sagt mehr als 1000 Worte hat mal ein schlauer Mensch gesagt.

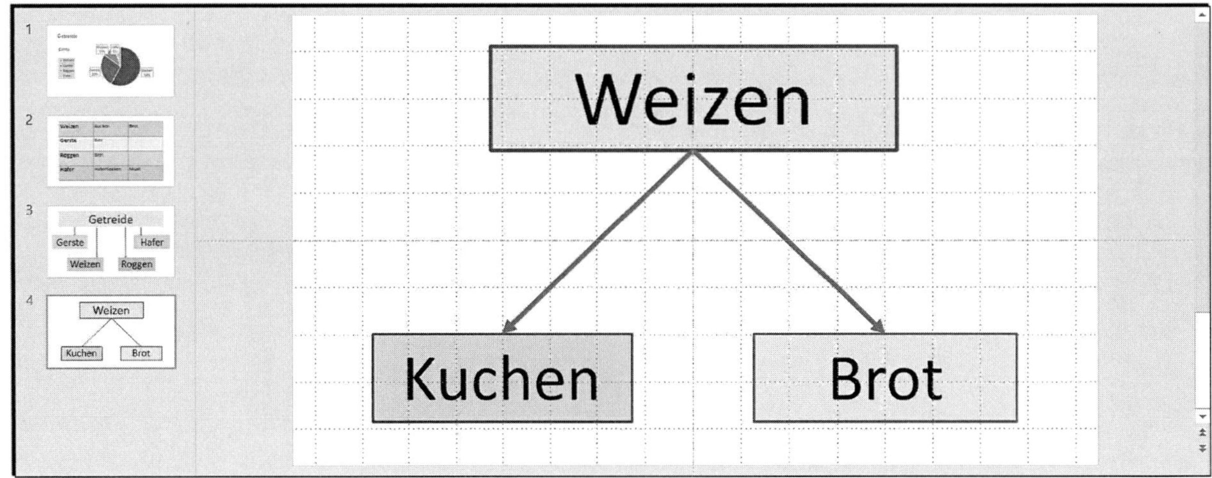

Ein Thema, was sich schlecht in einem Buch zeigen lässt, sind die ganzen **Animationen**, zu denen PowerPoint fähig ist. Es gibt viele Varianten, um die Folienübergänge zu gestalten, Objekte erscheinen oder verschwinden zulassen, Objekte über die Folie laufen lassen usw. Wenn ihr eine Präsentation erstellt, überlegt, ob so eine Animation zum Thema passt oder nur eine Spielerei ist.

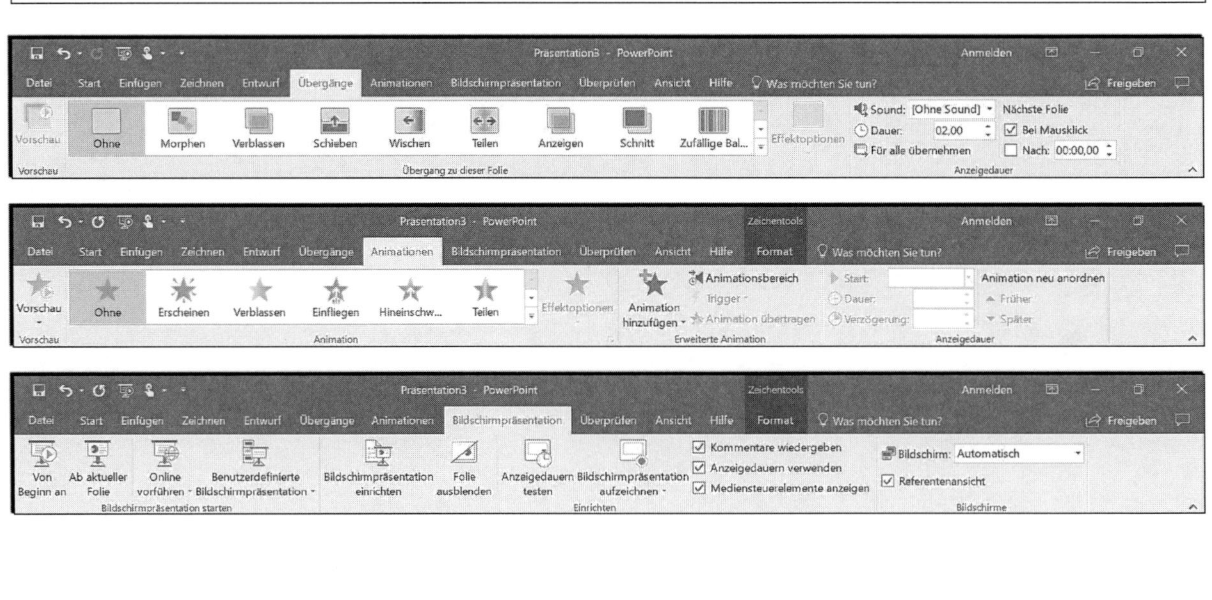

PowerPoint für die Schule
Kopiervorlagen ab dem 8. Schuljahr – Bestell-Nr. 12 244
KOHL VERLAG

Aufgaben

Alle Aufgaben können individuell gestaltet werden. Welches Design, welche Farben, welche Übergänge und Hintergründe Sie verwenden steht Ihnen frei. Wenn Sie mehrere Folien verwenden, sollten sie darauf achten, immer die gleichen Formatierungen zu benutzen. In den Aufgaben ist der Text vorgegeben. Die Arbeitsanweisungen beziehen sich auf die Lösungsvorschläge (➲ download). Sie können die Aufgaben aber auch frei gestalten, machen Sie einen Wettbewerb für die Schüler daraus. Wer hat die beste Präsentation?

Aufgabe 1:

In der ersten Aufgabe habe ich in meinem Lösungsvorschlag mit unterschiedlichen Animationen gearbeitet. Die Folien habe ich bewusst schlicht gehalten. Die Formatierungen sind auf allen Folien gleich. Die Animationen sind genug.

a) Erstellen Sie eine Präsentation mit 5 Folien.

b) Folie eins:
➲ Hauptüberschrift: Schreibweise der Straßennamen,
➲ darunter: Rechtschreibregeln (RS)

c) Folie zwei:
➲ Straßennamen zusammengeschrieben (zentriert).
Mit Aufzählungszeichen: Mit dem Grundwort Straße, Platz, Damm, Ring, Allee usw. werden zusammengeschrieben:

d) Folie drei:
➲ Keine Überschrift, Tabelle mit zwei Spalten und 4 Zeilen.

1. Spalte: Hauptwort: **2.** Spalte: Marktplatz, Europaplatz,

1. Spalte: Eingliedriger Personenname: **2.** Spalte: Goethestr., Mozartstr.

1. Spalte: Ortsname ohne Endung: **2.** Spalte: Hannoverstr., Bühlstr.

1. Spalte: Eigenschaftswort ohne Endung: **2.** Spalte: Altmarkt, Neustr.

e) Folie vier:
➲ Überschrift: Straßennamen in getrennter Schreibweise (zentriert).
Tabelle mit zwei Spalten und 3 Zeilen.

1. Spalte: Ortsname mit Endung: **2.** Spalte: Bühler Straße, Achener Weg,

1. Spalte: Eigenschaftswort mit Endung: **2.** Spalte: Alte Straße, Neuer Markt,

1. Spalte: Verhältniswort: An dem Alten Bahnhof, Im Grün.

Darunter: Bei zusammengesetzten Straßennamen werden nur die Artikel klein geschrieben.

f) Folie fünf:
➲ Überschrift: Straßennamen mit Bindestrich (zentriert). Tabelle mit zwei Spalten und 2 Zeilen.

1. Spalte: Vor- und Zuname: **2.** Spalte: Otto-Wels-Str., Albert-Einstein-Allee

1. Spalte: Titel und Zuname: **2.** Spalte: Graf-Hugo-Str., Pfarrer-Kneipp-Weg

Speichern Sie unter dem Dateinamen: Straßennamen

PowerPoint für die Schule
Kopiervorlagen ab dem 8. Schuljahr – Bestell-Nr. 12 244

Aufgaben

Aufgabe 2:

Der Folienhintergrund ist in allen Formen zu verändern, Sie können die einzelnen Formen entfernen oder an eine andere Stelle ziehen.

a) Erstellen Sie eine Präsentation mit 10 Folien.

b) Erste Folie: Hauptüberschrift: Bewerbung,
darunter: Stand 20.. (aktuelle Jahreszahl ergänzen)

c) Zweite Folie: Überschrift: Was gehört zu einem Bewerbungsschreiben?
Mit Aufzählungszeichen: Deckblatt, Bewerbungsschreiben, Lebenslauf, Zeugnisse, About me.

d) Dritte Folie: Überschrift: Deckblatt (rechtsbündig).
Mit Aufzählungszeichen: Achten Sie bei der Gestaltung darauf, dass Sie nicht zu viele Formatierungen enthalten. „Weniger ist mehr!" Wenn Sie mit Grafiken arbeiten achten Sie darauf, dass das ganze Bild nicht zu unruhig und verwirrend wirkt.

e) Vierte Folie: Überschrift: Deckblatt (rechtsbündig).
Mit Gliederung: Das Wort „Bewerbung" nächste Ebene: Vor- und Zuname, Vollständige Anschrift, Telefonnummer, Faxnummer, E-Mail.
Erste Ebene: Passfoto. Das Passfoto kann auf das Deckblatt oder auf den Lebenslauf gescannt werden.

f) Fünfte Folie: Überschrift: Bewerbungsschreiben (zentriert).
Mit Aufzählungszeichen: Privatbriefvorlage, Kurz und sachlich, formulieren Sie kurze Sätze. Achten Sie darauf, dass es fehlerlos ist, lassen Sie von jemandem gegenlesen. Bitten Sie um ein persönliches Vorstellungsgespräch. Vergessen Sie Ihre Unterschrift nicht. Anlagen aufführen unter der Unterschrift.

g) Sechste Folie: Lebenslauf (rechtsbündig).
Mit Aufzählungszeichen: Siehe Beiblatt und Beispiel. Die Form des Lebenslaufes können sie aus den Programmbeispielen in Word auswählen oder Ihre eigene tabellarische Aufstellung wählen.

h) Siebte Folie: Zeugnisse (rechtsbündig).
Mit Aufzählungszeichen: Legen Sie die benötigten Zeugnisse Ihrem Bewerbungsschreiben bei.

i) Achte Folie: About me (rechtsbündig).
Mit Aufzählungszeichen: In diesem Schreiben, das Sie formlos gestalten, können Sie auf Ihre besonderen Fähigkeiten, Praktika, Lieblingsfächer, Sportarten näher eingehen. Sie können in diesem Schreiben auch sich selbst näher beschreiben.

j) Neunte Folie: Online-Bewerbung (zentriert).
Mit Aufzählungszeichen:
Betreff: Treffend formulieren.
Seriosität: Achtung, keine funny E-Mail Adressen.
Inhalt: Gleicher Inhalt wie beim Postversand, Dateien im PDF-Format versenden.
Achtung: Keine Sammelbewerbungen absenden.

k) Zehnte Folie: Porto (zentriert).
Beachten Sie, dass das Porto für Ihr Bewerbungsschreiben mindestens 1,55 EURO (Aufzählungszeichen, zentriert) kostet.

Speichern Sie unter dem Dateinamen: Bewerbung

Aufgaben

Aufgabe 3:

a) Erstellen Sie eine Präsentation mit 6 Folien.

b) Erste Folie: Hauptüberschrift: Sommerurlaub 20.. (Jahreszahl ergänzen).

c) Zweite Folie: Überschrift: Reiseziele: (zentriert).

☺ Mallorca ☺ Türkei ☺ Salzburg ☺ Sylt

d) Dritte Folie: Überschrift: Frühbuchervorteile (zentriert).

☺ Geldersparnis ☺ Weniger Zeitdruck ☺ Große Auswahl
☺ Vorfreude auf den Urlaub (Aufzählung)

e) Vierte Folie: Gestalten Sie nachfolgenden Text übersichtlich.

Mallorca 250 Euro
8 Tage HP und Flug

Türkei 180 Euro
8 Tage All incl.
Ausflugspaket und Flug

Salzburg 320 Euro
4 Tage ÜF
Stadtrundfahrt
Konzertbesuch
Burgenland

Sylt 498 Euro
7 Tage VP
Wattwanderung
Eintrittskarte für Sylter Kulturfestival

f) Fünfte Folie:

1. Spalte: Mallorca
Genießen Sie Ihren Urlaub auf Mallorca.
Lassen Sie den Alltag hinter sich mit guter Küche, Wein und viel Sonne.

2. Spalte: Suchen Sie ein passendes Foto zum Text und zu Mallorca. Das Bild soll in der Größe zum Text passen.

1. Spalte: Türkei
Lassen Sie sich entführen in faszinierende Landschaften und alte Kulturen.

2. Spalte: Suchen Sie ein passendes Foto zum Text und zur Türkei. Das Bild soll in der Größe zum Text passen.

g) Sechste Folie: Rufen Sie eine Tabelle mit zwei Spalten und zwei Zeilen auf. Gestalten Sie die Tabelle so, dass der Text passt.

1. Spalte: Suchen Sie ein passendes Foto zum Text und zur Salzburg. Das Bild soll in der Größe zum Text passen.

2. Spalte: Salzburg
Genießen Sie die Stadtrundfahrt und verbringen Sie einen unvergesslichen Abend bei den Festspielen.

1. Spalte: Suchen Sie ein passendes Foto zum Text und zu Sylt. Das Bild soll in der Größe zum Text passen.

2. Spalte: Sylt
Erholen Sie sich in Natur pur und bei ausgedehnten Wattspaziergängen.

Speichern Sie unter dem Dateinamen: Urlaub

PowerPoint für die Schule
Kopiervorlagen ab dem 8. Schuljahr – Bestell-Nr. 12 244

Aufgaben

Aufgabe 4:

Erstellen Sie eine Präsentation mit 6 Folien.

a) Erste Folie: Hauptüberschrift: Anwendung des Mittestrichs (zentriert)

b) Zweite Folie: Überschrift: Bindestrich (zentriert) darunter: Ein Bindestrich soll verbinden, daher steht er ohne die trennenden Leerzeichen. Darunter mit Aufzählungszeichen: z. B.: die gute Tee-Ernte erfreute alle. Das Dehnungs-H in den Kfz-Papieren fehlt.

c) Dritte Folie: Ergänzungsbindestrich (zentriert) darunter: Der Ergänzungsbindestrich steht, wenn ein gemeinsamer Bestandteil nur einmal geschrieben wird. Darunter mit Aufzählungszeichen: z. B.: Auto- und Fahrradreifen, Postein- und -ausgang

d) Vierte Folie: Gedankenstrich (zentriert) darunter: Der Gedankenstrich trennt einen Gedanken vom anderen, daher steht davor und danach ein Leerzeichen. Verwenden Sie für die Darstellung der Leerzeichen von Symbole den •.Darunter mit Aufzählungszeichen: z. B.: Ein schöner Tag•-•die Sonne kam durch die Wolken•-•brach an.

e) Fünfte Folie: Silbentrennungsstrich Der Silbentrennungsstrich steht ohne Leerzeichen, um die Einheit der getrennten Wortteile anzudeuten. Darunter mit Aufzählungszeichen: z. B.: Ich ge-be ih-nen die Fach-bü-cher nicht.

f) Sechste Folie: Mittestrich als Wortersatz für bis, gegen, nach. (zentriert) darunter: Wird der Mittestrich als Wortersatz angewendet, steht davor und danach ein Leerzeichen. Rufen Sie eine Tabelle mit zwei Spalten und drei Zeilen auf. Verwenden Sie für die Darstellung der Leerzeichen von Symbole den •.Darunter mit Aufzählungszeichen:

Erste Zeile, erste Spalte: Beispiele für bis: Erste Zeile, zweite Spalte: Sprechstunde: 15•-•18 Uhr Waldstr. 18•-•20

Zweite Zeile, erste Spalte: Beispiel für nach: zweite Spalte: Hamburg•-•München

Dritte Zeile, erste Spalte: Beispiel für gegen: zweite Spalte: FC Bayern•-•Borussia Dortmund

Speichern Sie unter dem Dateinamen: Mittestrich